JN146360

明治期女子高等教育における日英の交流

―津田梅子・成瀬仁蔵・ヒューズ・フィリップスをめぐって

白井堯子

ドメス出版

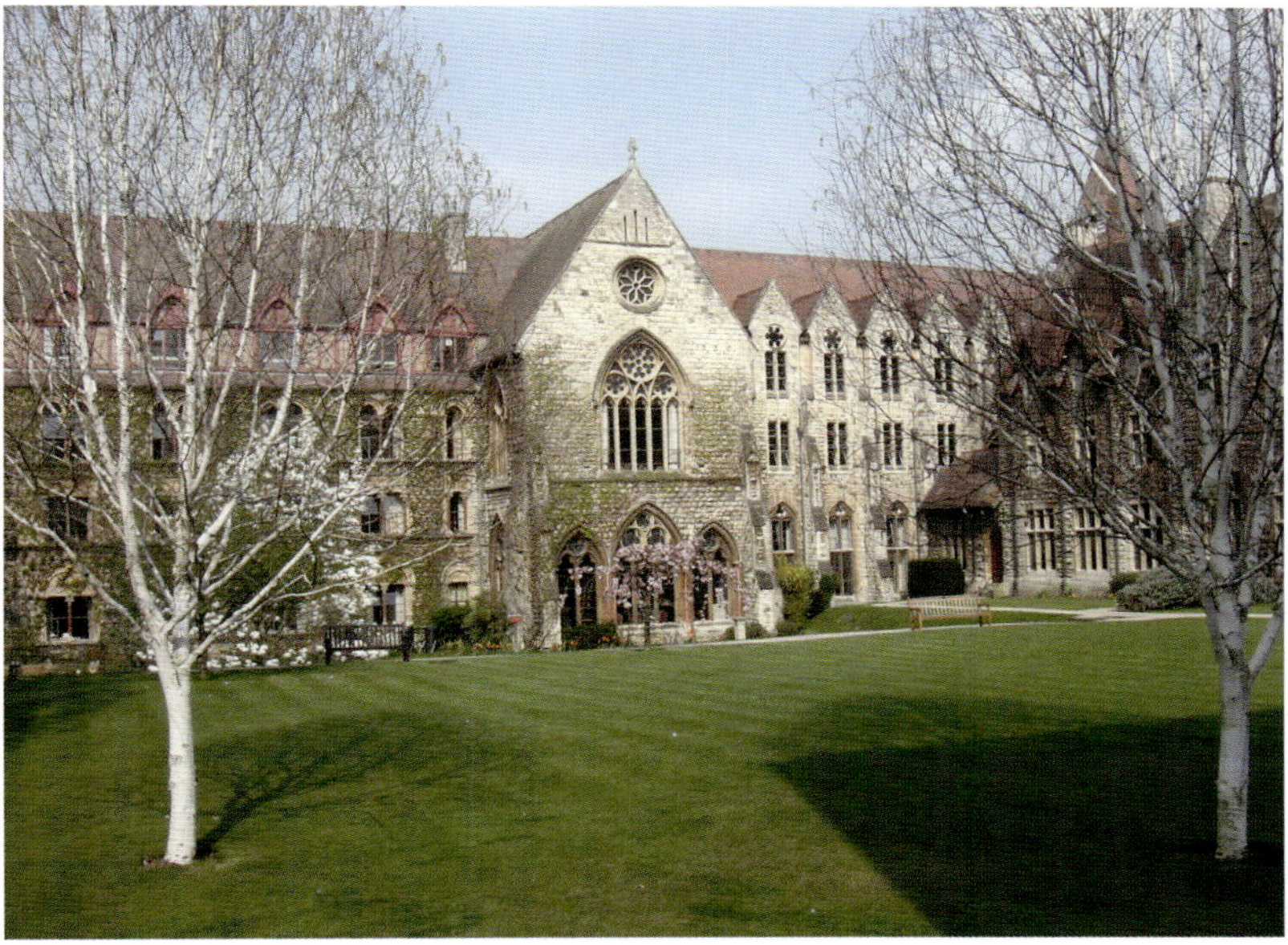

津田梅子・下田歌子・麻生正蔵らが訪れたチェルトナム・レイディズ・コレッジ
（早川敦子氏撮影）

梅子が在籍したオックスフォード,
セント・ヒルダズの現在の門
(早川敦子氏撮影)

梅子はナイチンゲールから贈られた花束（スミレと鈴蘭）を押し花にした（コラム参照）
(津田塾大学津田梅子資料室所蔵)

オックスフォードに造られた津田梅子のメモリアル・ガーデン．プレートと梅の木が見える（コラム参照）
(早川敦子氏撮影)

現在のケンブリッジ大学ヒューズ・ホール．かつてはヒューズが活躍した女子高等師範学校（CTC）の建物だった（原田範行氏撮影）

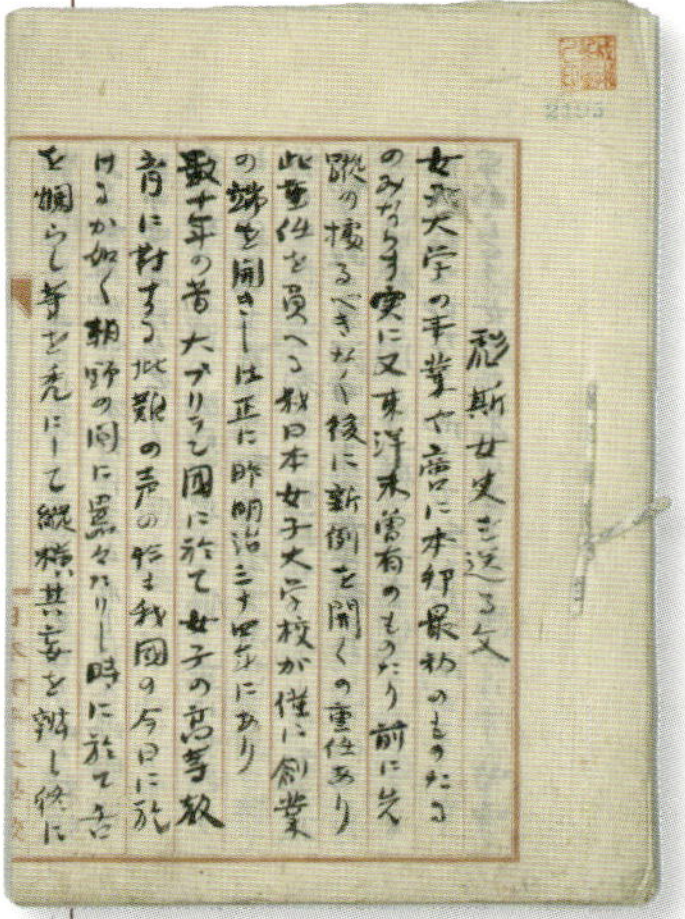

ヒューズの送別会にて彼女の功績を称えた成瀬仁蔵の「彪斯女史を送る文」
（日本女子大学成瀬記念館所蔵）

内部は今も創建時と変わらぬ成瀬記念講堂
（日本女子大学成瀬記念館所蔵）

フィリップスの英文学部授業風景（日本女子大学成瀬記念館所蔵）

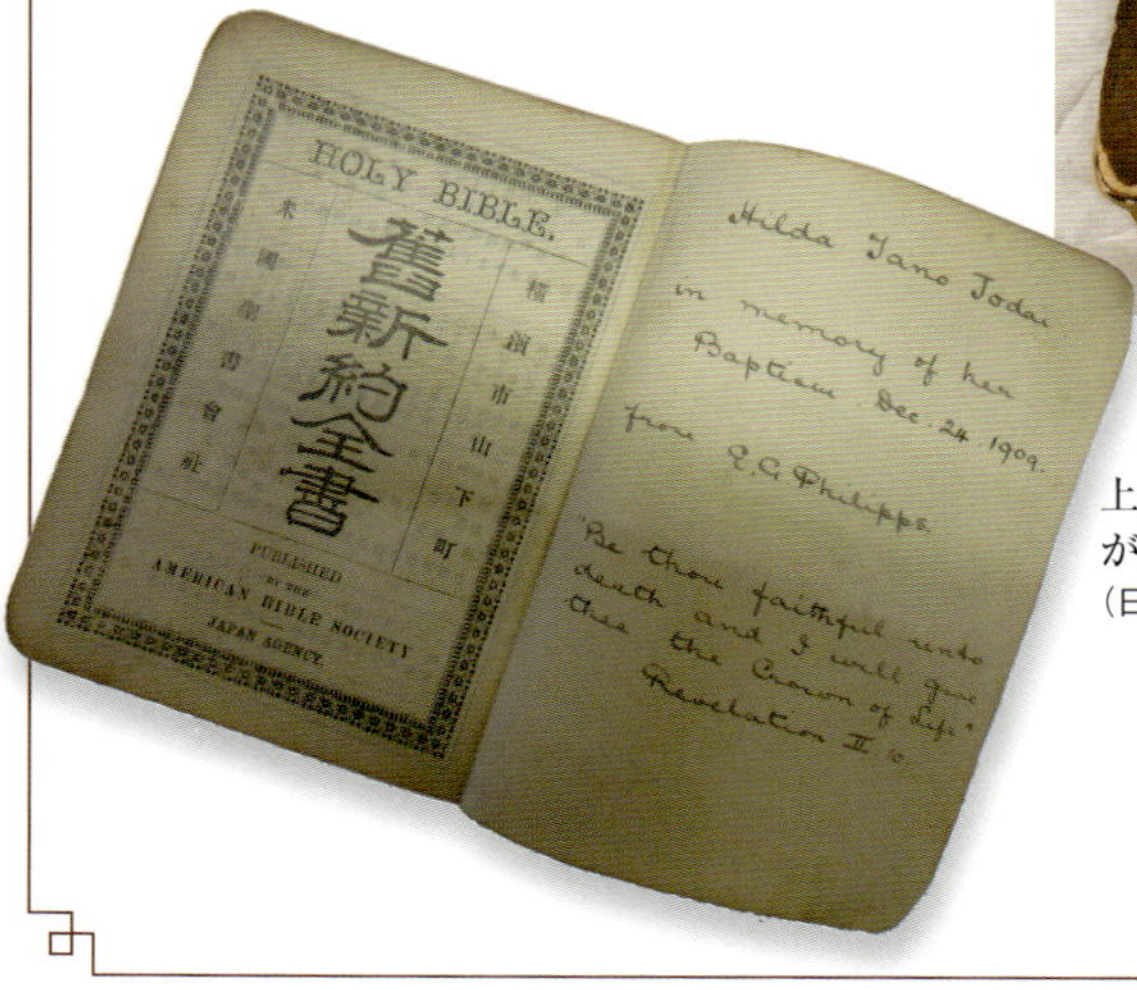

上代タノの受洗に際しフィリップスが贈った聖書（コラム参照）
（日本女子大学成瀬記念館所蔵）

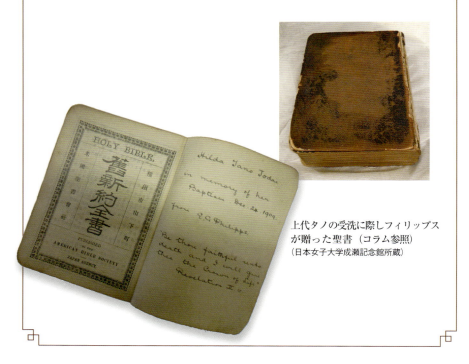

明治期女子高等教育における日英の交流
――津田梅子・成瀬仁蔵・ヒューズ・フィリップスをめぐって

目次

装幀　市川美野里

凡例

1　日本語の文献を引用する場合には、原則として旧字体は新字体に改め、仮名遣いは原文のままとした。また、必要に応じて振り仮名を補足し、明らかな誤字や脱字は訂正した。

2　欧米の人名、地名などの発音の表記は、Daniel Jones, *English Pronouncing Dictionary* (Cambridge University Press, 1997) によった。ただし、日本で一般化しているものに関しては、この限りではない。

3　欧文文献表記の方法は、*The MLA Style Sheet.* 2nd ed. (Modern Language Association of America, 1975) を参照し、日本語の文献に関してもそれに準じている。

4　本文においては、外国語の地名、人名、学校名、教会名、図書館名などは、原則として、初出の際に原語を加えた。

5　本文においては、英語の書名は、原則として拙訳を用いたが、初出の際に英語の書名を、また必要に応じて、発行場所、出版社名、出版年なども示した。

6　本書における英文の翻訳は、すべて筆者による。

7　引用文などのなかに、現在では使用されない差別的と考えられる語句や表現がある場合も、歴史的表現としてそのまま記載した。

序文

英国の女学校校誌に登場した津田梅子

今から約二五年前、私はオックスフォード大学日産日本問題研究所（Nissan Institute of Japanese Studies）の訪問研究員として一年間英国に滞在した。そして緑が美しく輝く五月、豊かに拡がる丘陵地帯として日本でも有名なコッツウォルズ（Cotswolds）の一隅にあるチェルトナム・レイディズ・コレッジ（Cheltenham Ladies' College、以下ＣＬＣと記す）を訪れたのである。この学校は、当時一五〇年近い歴史を誇る名門の女子パブリック・スクール（私立の全寮制中等教育学校）であった。

朝八時にモス・グリーンの制服に身を包んだ生徒たちと一緒に礼拝に出席した私は、その後、社会科の授業を参観、そして学校の敷地内にあるハウスと呼ばれる寮に行き、生徒たちと昼食を共にした。午後は授業に戻る生徒たちを送り出してガランとなった寮で寮生活について説明を受け、そのあと、この学校の歴史を調べるべく学内のアーカイヴズ（記録文書保管所）に足を運んだのである。

一八五三年に英国国教会の援助によって創立されたＣＬＣは、一八五八年には二代目の校長として二七歳のビール（Dorothea Beale）を迎え、四八年間という長きにわたるビールの在任中に、教育的にも財政的にも英国最高と言われるような女子パブリック・スクールに発展していった。ビールは、卒業生に高等教育を与えたいと考え、その在任中の一八九三年に、オックスフォード大学のなかにセント・ヒルダズ・ホール（St. Hilda's Hall、現在のSt. Hilda's College）という女性のためのコレッジを創設している。

彼女の女子教育への熱意は深い信仰に基づいていて、生徒たちには、神から与えられた能力を可能な限り磨いて、それを家庭のみならず女性に開かれた他の分野でも活用するよう説いた。そして、卒業生が国の内外で先駆者として、あるいはリーダーとして、この世の使命を果たすことを願ったという。また彼女は、熱心な女性参政権論者でもあった。

コッウォウルズ・ストウンと呼ばれる、この地方独特の蜂蜜色の石を使って建てられたゴシック調の数々の立派な校舎、教会、美しいフレスコ画で飾られた大講堂、大理石の廊下、大小一〇〇以上あるという教室、ピアノやハープシコードが並んでいる音楽室、ラテン語で書かれた一三世紀の彩色された祈禱書とギリシャ語による一二世紀の福音書の写本の所蔵を誇っている図書館[1]、そして博物館、テニスコートや水泳用のプールなどを備えた広大な運動場（約一万八〇〇〇坪）など、私は、その建築群に圧倒されたが、特に注目したのは、到る所にはめられた見事なステンド・グラスであった。

ビールは「ステンド・グラスは単なる飾りではない。それは、さまざまな思想の高みにわれわれを導くものでなければならぬ」と述べている。[2]新約聖書の物語、ダンテの『神曲』の物語、チョーサーの『カンタベリー物語』、テニスンの『プリンセス』の物語、そしてシェイクスピア劇のヒロインたちなどを表現した、そのステンド・グラスの輝きは、荘厳であった。だが、ケンブリッジ大学の女子コレッジ入学を目指す生徒たちが勉強する特別の部屋「ケンブリッジ・ルーム」の窓にはめられた、ケンブリッジ出身の偉人たち――ベイコン、ミルトン、ニュートンたち――の肖像画を描いたステンド・グラスを眺めた時には、私は、ＣＬＣの道具立ての力と同時に、一九世紀後半から二〇世紀にかけて世界に君臨した大英帝国の国力と富、英国国教会の力、それを支えた教育の力、階級社会の力を実感して複雑な気分になっていった。

しかし、何よりも私を驚かせ、興奮させたのは、訪れたアーカイヴズで、この学校が毎年二回春と秋に発行している校誌 *The Cheltenham Ladies' College Magazine* のバックナンバーを手にした時のことであった。日本ではほとんど知る人が少ないこの学校の校誌を年代順に開いていくと、何とUme Tsuda（津田梅子）の名前が現れたのである（一八九八年秋号、九九年春号）。

そこには、梅子のＣＬＣ訪問を歓迎する文章、彼女の英語の流暢さと志の高さを称える文章、梅子が、ビールが創立したオックスフォード大学内のセント・ヒルダズ・ホールで勉強をし、英国人女子学生たちの日本への関心を喚起させたこと、梅子がＣＬＣとセント・ヒルダズ・ホールで日本女性について講演を行ったことなどが記されていた。さらに、梅子自身が書いたJapanese Womenという表題の寄稿文、そして彼女が日本へ帰国する船のなかで書き記した礼状までも掲載されていたのだ。それだけではない。日本滞在の英国国教会女性宣教師ウエストン（Maria Weston、ＣＬＣの卒業生）が日本からビールに送った書簡文の抜粋、

ミス・ツダがそちらを訪問することは、英国の教育界が日本の教育界に本格的な援助を開始するための絶好なる手がかり（very means）になるだろうと思います。そのような手がかりを、われわれは長い間待ち望んできました。

などが印刷されていて、私は思わず息を呑んだ。一体これはどういうことなのだろう。あれほど米国との関わりが強い津田梅子が、どうして女子英学塾（現在の津田塾大学の前身）創立（一九〇〇年）の一年前という重要なる時期に、英国のCLCとオックスフォードに来たのだろうか。

開学した日本女子大学校に現れたヒューズ

次に私を惹きつけたのは、CLCの卒業生であり教師でもあったヒューズ（Elizabeth P. Hughes）という女性がケンブリッジ女子高等師範学校（Cambridge Training College for Women Teachers）の初代校長を退任したあとに、成瀬仁蔵が創立したばかりの日本女子大学校（現在の日本女子大学の前身）の教壇に立って英文学を教えている、という記事であった（一九〇二年秋号）。ヒューズが日本からビールに宛てた書簡文の抜粋、

日本の女性に英文学を教えることは、とても不思議な、そして興味深い経験です。彼女たちは、すごく熱心で、すべてが彼女たちにとって大変新鮮なのです。私にとっては、新しい発見の連続です。

も掲載されており、さらに一九〇五年秋号の頁をめくっていくと、ヒューズが日本女子大学校学監の麻生正蔵を連れてCLCの創立五〇周年祝賀式典に臨み、麻生がそこでお祝いのスピーチを述べたという記述まで現れた。どうして英国女子高等教育のパイオニアであるヒューズが開学間もない日本女子大学校に、はるばる海を越えてやってきたのだろうか。なぜ日本の女子高等教育のパイオニアの一人、麻生が、ビールの学校CLCのお祝いの席で、オックスフォード・ケンブリッジの女子コレッジの学長たちと並んでスピーチを行ったのだろう。

こういった疑問が私の頭のなかを駆け巡っていた時、アーカイヴズのスタッフが差し出してくれた、ビール宛書簡を集めたスクラップ・ブックのなかから、私は津田梅子がビール宛に書いた四通の手書き英文書簡と、何と下田歌子がビールのもてなしに感謝の意を表している手書き英文書簡を三通見つけ出すことができたのである。そして梅子の書簡の一通に記された文章、

日本女性のためのわれわれの仕事に対して貴女が親身なるお心遣いを示して下さったことに感謝致します。今の日本の情勢は危機的ですが、それはまた希望の時でもあるのです。日本の女性のしあわせのために、そして日本のより良い女子教育の進歩のために、どうぞ祈って下さい。

一八九九年三月二九日

が私に感銘を与えた。

これまで津田梅子や日本女子大学校の創立者成瀬仁蔵など、日本の女子高等教育の創始者たちのことが語られる時、米国の影響はしばしば言及されてきたが、英国の影響、CLCの存在、ましてやビールのことなどはほとんど注目されなかったのではなかろうか。私はチェルトナムに別れを告げたあと、津田梅子の英国滞在とヒューズの日本女子大学校滞在の意義を究めようと決心せざるをえなくなったのである。

その後、すでに引用した、英国国教会の来日女性宣教師ウエストンがビールに宛てた書簡のなかの言葉「英国の教育界が日本の教育界に本格的な援助を開始する……」が頭から離れなかったので、私は、オックスフォード大学ロウズ・ハウス・ライブラリィ（Rhodes House Library）に保管されている来日英国国教会宣教師の伝道本

部宛報告書にも目を通した。[3] これは気が遠くなるような分量の多さではあったが、ウエストンの報告書には津田梅子のことが何度も記されていたし、梅子自身が記した、日本におけるキリスト教伝道のための注意書きも保存されていて興味深かった。それらは、日本聖公会の信徒で、英語力抜群の梅子、女子高等教育機関の設立を願っていた梅子に対して、東洋への伝道を強く推し進めることに熱心であった一九世紀後半の英国国教会の宣教師たちが熱い眼差しを送っていたことを感じさせるものであった。

日本女子大学校とキリスト教教育

それのみならず、私は、このロウズ・ハウス・ライブラリィで日本の女子高等教育に関する意義深い史料にも出会うことができたのである。それは、日本女子大学校英文学部(当時の呼称)の教師として開学時から約四〇年間(一九〇三〈明治三六〉―四一〈昭和一六〉年)教育に専念し、また宣教師として寮で女子学生の精神教育・キリスト教教育に献身したフィリップス(Elinor G. Philipps)の報告書であった。[4]

その報告書の多くは伝道雑誌のなかに印刷されており、その内容は、寮におけるキリスト教教育が主ではあるが、日本女子大学校の校長成瀬仁蔵や学生との交わりについて、成瀬が主張する女子高等教育の革新性について、さらには家制度に縛られている日本女性の苦しみなどについても記され、実に多岐にわたっていた。これらの報告書は、ケンブリッジ大学の女子コレッジの一つ、ニューナム・コレッジ(Newnham College)における教職の仕事を断念して、成瀬の日本女子大学校英文学部の教育とキリスト教教育に身を捧げたフィリップスが、約四〇年に及ぶ日本滞在中に、どのようなことを喜び、どのようなことに悩んだか、その一端を鮮やかに映し出す貴重なドキュメンタリィ・フィルムであったのである。

本書の意図は、ここに述べてきたような経緯を経て、私がその後英国で調査・発見した津田梅子、成瀬仁蔵、ヒューズ、フィリップスたちを巡るさまざまな史料[5]に、日本側の史料[6]を重ねながら、できるだけ実証的に日本の女子高等教育の創始者たちと英国女子高等教育のパイオニアたちとの関係に新しい光を投げることである。

これまでは、津田梅子も成瀬仁蔵も、米国の女子高等教育との関係のみが強調されてきたので、一〇〇年以上にわたり英国で眠り続けてきた史料が放つ新しい光は、日本の女子高等教育の創始に関して、今までとは違った視点をわれわれに与えると信ずる。そして、その光が日本の女子高等教育史のみでなく、日本の近代化の研究、日英の文化交流史、日本におけるキリスト教史の今後の発展に役立つことができれば幸いである。

日本の近代化と女子高等教育

日本の近代化の歴史をひもとくと、英国の影響が大きいことは明らかである。英国は産業革命以降世界の最先進国になり、日本は議会制度なども含め幾多の点で英国を手本にして近代化を進めてきた。

明治期に政府の工部省、文部省などが雇用した「お雇い外国人」の数を国別に見ると、英国人が圧倒的に多く一〇三四人。第二位の仏国人四〇一人を大きく引き離している（一八六八〈明治元〉―一九〇〇〈明治三三〉年[7]）。大学レヴェルの教育機関で教えた外国人教師も人文科学関係では英国人が最も多く、また文部省派遣の日本人留学生の渡航先も、ドイツについで英国が第二位となっている（一八七五〈明治八〉―一八九七〈明治三〇〉年[8]）。

しかし、近代化と言っても、ここに記した統計の主人公は男性である。ひたすら近代化を目指した明治期においても、女性に対する教育の近代化は遅々たるものであった。

一八七二（明治五）年に全国規模での施行を目指した日本初の教育制度法令「学制」は国民皆学と就学の義務

を説き、これによって女子をも含めて国民のすべてが最低限度の教育を受けることができるようになった。しかし、当時の国家財政の実情や実生活に役立つ教育しか求めない国民の意識との不適応、さらには、小学校への強制就学反対運動などが起こり、文部省は一八七九年に「学制」を廃止して「教育令」を公布。これによって、「学制」において述べられた男女同一の教育は崩れ、女子教育は裁縫などを中心にした嫁として役立つ教育が主となり、性差に基づいた教育が色濃くなる。

女子教育が重要視されていくのは一八九〇(明治二三)年以後であり、それが明確な形をとったのは一八九九(明治三二)年二月の高等女学校令の公布である。ちなみに、この頃の女子の小学校への就学率は五〇パーセントであった。女子の中等教育機関として高等女学校が設立されることになったのは大きな進歩ではあったが、その教育内容は男子の中等教育と比べてレヴェルは低く、婦徳の涵養や、家事・裁縫などの良妻賢母主義の教育が主であった。

本書の第一章で詳述するように、津田梅子が英国のCLCを見学したあとに、ビールが創立した、オックスフォード大学内のセント・ヒルダズ・ホールに滞在して勉強をしたのは、日本に女子の中等教育を認めるこの高等女学校令が出た一八九九年であった。

女子の中等教育が公的に認められたということは、女子に高等教育を与えようという考えの下地をつくったことになる。当時、高等女学校の卒業生をさらに入学させる学校として公的に認められていたのは、一八九〇(明治二三)年に設立された、高等女学校教員養成のための女子高等師範学校(現在のお茶の水女子大学の前身)のみであったが、英国から帰国した津田梅子は、一九〇〇(明治三三)年に女子英学塾を、そして成瀬仁蔵は、翌年の一九〇一年に日本女子大学校を開学し[9]、ここに私立の女子高等教育機関が登場したのである(この二つの学校は、一九〇三〈明治三六〉年の専門学校令の公布によって、一九〇四年に高等教育機関としての専門学校になる。この専門学校令による高等教育機関としての「専門学校」は、同じ名前であっても、現在の学校教育法による「専門学校」とはまったく異なる）。

本書の第二章と第三章に記すヒューズが日本女子大学校で活躍したのは、まさに、日本女子大学校開学の時期であり、第四章に紹介するフィリップスは、一九〇三年から第二次世界大戦中の一九四一年まで、すなわち、専門学校令によって専門学校となった日本女子大学校の教壇に立ったのである。

女子の高等教育の発展は、世界中で手を取りあって実現していかなければならない課題である。フィリップスは、自分に高等教育を与えてくれた、ケンブリッジ大学内に創立されたニューナムという女子コレッジ出身者たちが読む *Cambridge Letter* という冊子に長文の寄稿をし（一九〇四年）、そこに、ニューナムという女子コレッジは諸先輩の自己犠牲的努力によって発展したのであるから、今度はわれわれが自分たちが得た恩恵と同じものを日本女性に与えるために、日本女子大学校の教育に貢献しようではないか、と呼びかけている（本書第四章の「5　日本女子大学校の教育を語る」中の（2）を参照）。開学したばかりの日本女子大学校の教壇に立ったヒューズも、学生たちに、「一生懸命勉強をして下さい。この学校から与えられる恩恵は、皆様方だけのものではなく、日本女性全体、そして極東地域の全女性に役立つものだからです」と、他の国、特に高等教育に恵まれていない国の女性たちのことを視野に入れなければいけない、と教えた（本書第二章の「7　盛大なヒューズのサヨナラ・パーティと『彪斯《ヒューズ》女史を送る文』」中の文章を参照）。

実際、開学時に極東地域における最初の総合的な女子高等教育機関と言われた日本女子大学校は、インドにおける最初の女子大学（Shreemati Nathibai Damodar Thackersey Women's University）の創設（一九一六年）に大きな影響を与えた。インドの社会改革家D・K・カルウェ（D. K. Karve）は、『日本女子大学校の過去現在及び将来』（一九一一年）の英語版を読み、成瀬の「人として」「婦人として」「国民として」という女子教育の方針とその教育活動に深い感銘を受け、日本女子大学校をモデルとして、インドに女子高等教育機関を開学したと言われ、現在、この女子大学は、三つのキャンパスと一五の学部、そして七万人の学生を抱えるほどに見事な発展を遂げている。

しかし、二一世紀になっても、女性には十分な教育が与えられていない国がある。二〇〇二（平成一四）年、アフガニスタンの女子教育を支援する目的で、お茶の水女子大学、津田塾大学、日本女子大学、奈良女子大学、東京女子大学の五つの女子大学が、「五女子大学コンソーシアム協定」を締結し、日本にアフガニスタンの女性教員を招いて研修を実施したり、日本の女子教育の専門家をアフガニスタンに派遣したり、さまざまな支援を行った。最近は、アフガニスタンのみならず、開発途上国の女子教育支援も行うことになったと聞く。

このような女子高等教育の発展をめぐる世界的な協力を考えた時、これまで米国の影響のみが強調されてきた津田梅子と成瀬仁蔵という日本の女子高等教育の創始者たちが、今から約一二〇年前に英国の女子高等教育のパイオニアたちとも深く関わって少なからず影響を受けてきたことを、一次史料に基づいて具体的に知るのは、不可欠なことではなかろうか。

初出一覧

本書の各章は、左記の私の論文を基礎としている。

第一章は、

「津田梅子と英国の女子教育――オックスフォード大学留学をめぐる新史料から」、『お茶の水女子大学女性文化研究センター年報』第六号（通巻一三号）、一九九二年

第二章は、

「エリザベス・P・ヒューズ――成瀬仁蔵を助けた英国女子教育のパイオニア」、『成瀬記念館』（日本女子大学）第九号、一九九三年

第三章は、

「E・P・ヒューズの *English Literature for Japanese Students* と成瀬仁蔵」、『成瀬記念館』（日本女子大学）第二七号、二〇一二年

第四章は、

「E・G・フィリップスと日本女子大学校――残された書簡を中心に」、『成瀬記念館』（日本女子大学）第一七号、二〇〇一・二〇〇二年

第一章

津田梅子が体験した英国の女子高等教育

——オックスフォード大学留学をめぐる新史料から

1　津田梅子と英国

近代日本で最も国際的に活躍した女性はと言えば、誰しも津田梅子（一八六四—一九二九）の名を挙げるであろう。彼女は日本政府派遣の最初の女子留学生五人の最年少者として七歳で渡米、ワシントンＤＣのジョージタウンでランマン（Charles Lanman）夫妻に育てられ、初等・中等教育を受けて一八歳で帰国、華族女学校の英語の教師となり、その在職中に再渡米、ブリン・マー大学（Bryn Mawr College）で学んでいる。そして女子英学塾（現在の津田塾大学の前身）創立後も、すぐれた知性と英語力を発揮して海外の国際会議参加や学事視察などを行い、まさに国際人として活躍した。

彼女は幼い時から米国で勉強をしてきたために、これまでの彼女の伝記が米国との関係を強調してきたのは当然である。しかし梅子は、三四歳の時に、日本の近代化を進める上で大きな影響を及ぼした英国に、六か月という短い期間（一八九八年一一月—一八九九年四月）ではあったが英国国教会関係者の招きによって滞在している。これは女子英学塾創立（一九〇〇年）直前という興味深い時期であり、彼女はオックスフォード大学の女子コレッジの一つセント・ヒルダズ・ホール（St. Hilda's Hall，現在の St. Hilda's College）で学んだり女子教育の視察をするなど英国文化を吸収した。さらに、ヨークの大主教（国教会の最高位は国王、次いでカンタベリィの大主教、ヨークの大主教となる）をはじめとする国教会の中心的人物、オックスフォードやケンブリッジの女子コレッジや女子パブリック・スクールなどの長たち、そして近代的看護法の創始者ナイチンゲールなどの著名人と交わったり、ＹＷＣＡで講演をするなど、日英同盟締結前の日英文化交流史においても逸すべからざる足跡を印したのである。

こうした梅子の英国滞在は、これまで知られていなかったわけではない。史料としてまことに貴重な英文の「ロンドン日記」(Journal in London) は、すでに『津田梅子文書』の中に収録されているし、[1] 英国滞在は彼女の伝記[2]においても触れられている。しかし、それは、ヨークの大主教マクラガン (William D. Maclagan) およびナイチンゲールとの出会いを中心に描き、それらを彼女の精神的支えになったものとして記してきた。

私は一九九〇年四月から一年間、オックスフォード大学の日産日本問題研究所 (Nissan Institute of Japanese Studies) の訪問研究員として英国に滞在し、たくさんの大学図書館を利用する機会に恵まれた。その間、梅子の「ロンドン日記」を手がかりにして、セント・ヒルダズ・コレッジや女子パブリック・スクールのなかでも特に有名なチェルトナム・レイディズ・コレッジ (Cheltenham Ladies' College、以下CLCと記す) などのアーカイヴズ (記録文書保管所) を訪れ彼女が残していったものの探索を試みたところ、彼女が書いた手紙五通をはじめとして、学校の校誌への寄稿文、彼女に関する手紙七通、彼女についての感想、その他興味深い記録を幾つか見つけることができた。[3]

女子英学塾開校時の津田梅子
(津田塾大学津田梅子資料室所蔵)

この発掘をとおして、クリスチャンで日本の聖公会に属していた梅子が私の予想以上に国教会と関わっていたことを知り、英国海外福音伝道会 (The Society for the Propagation of the Gospel in Foreign Parts、[4] 以下SPGと記す) のアーカイヴズ (オックスフォード大学 Rhodes House Library 内) をも調べたところ、彼女についての記述、キリスト教伝道に関する彼女の意見書[5]などを目にすることができたのである。さらに東京の外務省外交史料館からは、梅子の英国滞在に関する貴重な公文書（外務省編纂『日本外交文書』には収録されていない）を見出し、これらのすべてがこれまでに紹介されてこなかった新史料なので、本稿では、それらを整理し、女子英学塾創立直前における梅子の英国滞在の意味を考えてみたい。それによって、梅子の伝記的研究、女子高等教育における日英交流史、女性史、さらには、これまで女性の活動が顧みられることが少なかった日本聖公会の歴史の上に何か貢献できれば幸いである。なお、梅子の手紙を含め英語の文章の翻訳は、すべて拙訳による。

2　英国国教会関係者による招待

（1）なぜ、英国へ

華族女学校の教師であった（女子高等師範学校の教師でもあった）梅子は、一八九八年六月に米国コロラド州デンヴァーで開催された女性クラブ連合大会（The Convention of the General Federation of Women's Clubs）に彼女の同僚小鹿島筆子[6]と共に出席し、日本代表としてスピーチを行っている。梅子（三三歳）の英国滞在は、この米国滞在に引き続くものであって、彼女は一一月五日にニューヨークを出発し一二日にリヴァプールに到着した[7]。では、なぜ、彼女は英国へ向かったのであろうか。この間の経緯については、吉川利一『津田梅子』（中央公論社、一九九〇年〈初版は、婦女新聞社、一九三〇年〉）によると、秋風も立ち、（米国からの…白井注）帰り支度をしていると、英国の名流婦人らが、二人を招待するという噂を聞いた。間もなく仙から便りがあった。それによるとこの話は当時東京にいた英国監督教会の監督オードレー Bishop W. Awdry 夫人の発案で、夫人は二人の渡米を幸い英国へ招き本国を紹介したいということを、時の駐日英国公使サー・サトウ Sir Earnest（ママ）Satow に説き込んだ。………話は急に捗《はかど》って前の東京英国監督教会の監督未亡人ビッカステス Mrs. Marion H. Bickersteth を始め、十数名の有志が連名で、二人を招待することとなり、滞在中の費用は全部先方で負担する。………華族女学校の方は来年九月まで休職になった（一八〇頁）。

この伝記は梅子の英国行きの経緯を比較的詳しく記しているが、梅子が当時英国国教会ＳＰＧ系の聖アンデレ教会（東京・芝にあり、麻布の梅子の自宅に近い。主教座聖堂で英語で礼拝が行われていた）に通っていた[8]という認識に欠けている。彼女は、実はこの教会で南東京地方部主教（Bishop of South Tokyo、当時、Bishop は監督と呼ばれていた）の故ビカステス（Edward Bickersteth）、その後任者オードリィ（William Awdry）、およびその夫人たちなどの英国人と交わっており、その関係でオードリィ夫人[9]が日本で発案し、ビカステス夫人が英国で招待者を集め梅子を英国に招いたのである。

（2）日本の外務省の動き

ここで外務省外交史料館所蔵の史料「米国婦人倶楽部連合会大会開設ニ付津田梅子外一名参列之件　附英国、応招之件」（二門九類一目二一号）の大部分を占める「附英国、応招之件」の公文書のすべてを頁を追って紹介し

（紙面の都合で要約になるが）、この問題についての外務省の動きを明らかにしてみたい（①②③などの番号は文書の頁順に白井が付した）。

①電受第九七六号。一八九八年九月一九日付。在英公使加藤高明より外務大臣大隈重信宛の英文電信。

カンタベリィ大主教夫人ら有力な夫人たちが、米国滞在中の小鹿島筆子と津田梅子を招待し英国の教育施設を視察させたいので両人の海外滞在期間延長を帝国政府に頼んでほしい、と依頼してきた。彼女たちの滞英中（六―八か月）の宿と費用は招待者がもつとのこと。もしも政府がこれを認めるのならば、直接彼女たちに指示を与えてほしい。本件は、東京のオードリィ主教の夫人が発起したもののようである。

②右の英文の日本語訳。

③送第一一一号。一八九八年九月二二日付。外務大臣大隈重信より文部大臣尾崎行雄宛の文書。

①の内容は文部省関係の事項と思われるので、意見を伺いたい。

④秘書課戌第二七三号。一八九八年九月二四日付。文部大臣尾崎行雄より外務大臣大隈重信宛の文書で③に対する返事。

両人の海外滞在期間延長は、文部省も華族女学校も差し支えない。これは、本邦女子教育のためにも有益であろう。

⑤電送第七五二号。一八九八年九月二二日付。外務大臣大隈重信より在英公使加藤高明宛の英文電信。

両人は帝国政府によって米国へ派遣されたものではないが、帝国政府は、この計画が進められることを喜んでいる。

⑥電送第七五五号。一八九八年九月二四日付。外務大臣大隈重信より在米中川臨時代理公使宛の英文電信。

英国からの招待の内容を両人に伝えるように。この招待を受けるように話してほしい。詳細は在英公使から両人に送られるであろう(10)。

⑦一八九八年九月二六日付。外務大臣秘書官三橋信方より小鹿島の叔父渡辺昇と津田の父津田仙宛の文書。

〔要約省略〕

⑧公第一二八号。一八九八年九月二一日付。在英公使加藤高明より外務大臣大隈重信宛の文書。

①の電信の内容を文書の形にしたもの。

⑨一八九八年九月一六日付。マリオン・H・ビカステス(Marion H. Bickersteth)より在英公使加藤高明宛の文書(英文)。

小鹿島と津田の米国訪問を大変興味深く受けとめている。彼女たち二人を英国に招待したいので招待状を添付する。ここに招待者として名を連ねている一八人の女性は、英国の女子教育とキリスト教文化の代表者たちである。この問題を帝国政府に伝えてほしい。

⑩一八九八年九月一六日付。招待状(宛名は明記されていない。英文)。

招待者たちは、日本の女子教育の見事な進歩に関心を抱いてきたので滞米中の小鹿島と津田を英国に招待したい。招待者の一人は、オックスフォードの女子コレッジに彼女たちを二学期間招きたい。また彼女たちは、休暇には、英国の主要な教育機関や英国の思想・文化の代表者たちと接することができる。六か月から八か月の滞在期間の費用はすべて、招待者たちが保証する。両人の出張期間を延長してほしい(この文書の最後には一八人の招待者の名前が記されている)。

⑪公第一三一号。一八九八年一〇月一日付。在英公使加藤高明より外務大臣大隈重信宛の文書。

〔要約省略〕

⑫電受第一〇三六号。一八九八年一〇月五日付。在米中川臨時代理公使より外務大臣大隈重信宛の英文電信。

両人は何か月間休暇がとれるのか。彼女たちは帝国政府の命で英国に行くのか。自分たち自身のために招待を受けるのか。彼女たちの旅費などは帝国政府によって支払われるのか。

⑬電送第七八二号。一八九八年一〇月七日付。外務大臣大隈重信より在米中川臨時代理公使宛の英文電信。

両人の休暇の期間には制限がつけられていない。彼女たちは自分たちのために英国を訪問することになる。それゆえに帝国政府は費用を支払わないが、大隈個人が二〇〇〇円を送る。おそらく皇后がお手許より一〇〇〇円を御下賜なさるであろう。

⑭電送第八三一号。一八九八年一〇月二七日付。外務大臣大隈重信より在英公使加藤高明宛の英文電信。

〔要約省略〕

⑮機密送第一〇九号。一八九八年一一月八日付。外務大臣大隈重信より在英公使加藤高明宛の文書。

両人は帝国政府の公用で米国へ渡航したのではないがゆえに旅費などの支給はできないが、英国の女子教育の視察は本邦の女子教育にも有益であろうから大臣より二〇〇〇円を贈ることに決定した。皇后もお喜びで、多分御手許より一〇〇〇円御下賜なさるであろう。

⑯公第一四一号。一八九八年一〇月二八日付。在英公使加藤高明より外務大臣大隈重信宛の文書。

〔要約省略〕

⑰公第一五二号。一八九八年一一月一八日付。在英公使加藤高明より外務大臣青木周蔵宛の文書。

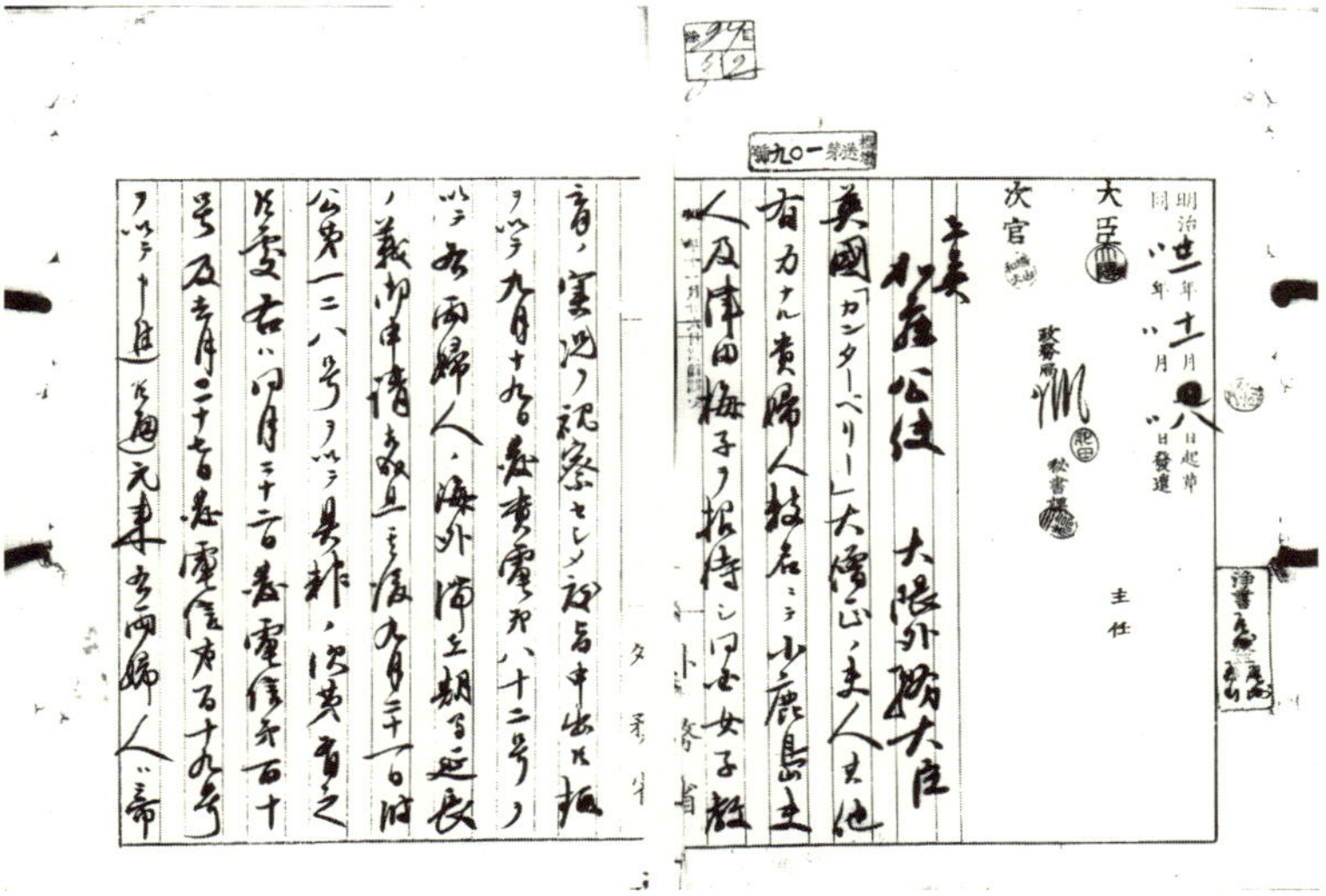

梅子の渡英に際し大隈外相が加藤公使に送った文書⑮の一部（外務省外交史料館所蔵）

小鹿島は身体不調のため一一月下旬に米国より帰国⑪。津田のみ一一月一二日にリヴァプールに到着。ビカステス夫人の話では、津田はまもなくケンブリッジ、チェルトナムに行き、本年はいろいろの視察をする。来年はオックスフォード大学の女子コレッジに学生として籍を置き、三月下旬の学期終了まで滞在の予定。その後、いろいろの視察を行うので、早々に帰国する必要なきようよろしくお願いする。

⑱送第一四一号。一八九八年一二月二二日付。外務大臣より文部大臣宛の文書。

〔要約省略〕

（3）英国国教会関係者の動き

前述したように、梅子を英国へ招待することに熱意を示したのは、日本に派遣された英国国教会主教の夫人たちであったが、まずここで、外交史料館所蔵の史料⑩の文書（招待状）の最後に記された一八人の招待者たち（すべて女性）をグループに分けて簡単に説明し、彼女たちの動きを記したい。

① 英国国教会聖職者の夫人たち

マリオン・H・ビカステス（Marion H. Bickersteth）……南東京地方部主教（一八八六―九六）として日本聖公会の組織の成立に貢献した故エドワード・ビカステスの夫人。梅子の英国滞在を推進した中心人物で、「ロンドン日記」にはしばしば登場する。彼女は、梅子の招待者を集めただけでなく、梅子の滞在費用を募るためにリーフレットも発行し、それに「これらの女性たち（小鹿島と津田…白井注）は、少なからぬ影響力をもっている。彼女たちは二人共、昔からのクリスチャンで、われわれの教会と密接な関係をもつ日本聖公会のメンバーである」と記した[12]。

ビカステス主教の伝記『南東京地方部主教　エドワード・ビカステスの生涯と書簡』（*Life and Letters of Edward Bickersteth, Bishop of South Tokyo*, 1899）には、梅子の「キリスト教の教えこそが日本女性の地位向上に大きな意味をもつ」という趣旨の論文の要約が記され[13]、それは主教が福音伝道と日本の女性の地位向上のために一八八七年に日本に設立した聖ヒルダ伝道団（St. Hilda's Mission）の重要性を立証するのに使われている。また、この部分に付けられた脚注には、この梅子の論文の要約はビカステス夫人によるものであること、梅子は、ビカステス夫人と親しい関係にあること、そして一八九八年から九九年にかけて梅子は英国を訪れ、たくさんの友人をつくったことが記された。夫人は夫の死後も日本への布教に力をいれ、一九〇四年の来日の折にも梅子に会い[14]、一九〇八年には夫が設立した聖ヒルダ伝道団のメンバーとして静岡の聖ペテロ教会に来た[15]。晩年は日本の聖公会を援助する協会（Japan Church Guild of St. Paul）の名誉事務局長。著書には、*Readings on Our Lord's Life*

(1901)、*Japan* (1908)、*The Christian Opportunity in Japan* (1921) があり、最後のものは梅子についての記述を含む。[16]

オーガスタ・マクラガン (Augusta A. Maclagan) ……ヨークの大主教マクラガン (William D. Maclagan) の二度目の夫人。ビカステス夫人の夫は、学生時代に所属していた協会 (London Junior Clerical Society) で大主教の指導を受けた。[17] 「ロンドン日記」によれば、大主教は一八九八年の暮と一八九九年のイースター期に梅子を招待し、彼女は数日間大主教の所に滞在している。[18] この折に梅子は、「本当に私は何かを行いたいのです。神の恩寵のなかで成長したいのです」と大主教に話し、自分が他の日本女性に比べて多くのお恵みを神から与えられてきたこと、それゆえ他の人たちのために何かをしなければならない責任を感じていることを語ったところ、大主教は、「神が貴女を祝福し、貴女を護って下さいますように。現在も、そしてこれからも、貴女が歩む道において神の御加護がありますように。アーメン」と祈った。この大主教の励ましと祝福は、梅子にとって大きな支えとなったと言われている (「ロンドン日記」改訂版 二九一—九八および三四〇頁)。

大主教夫人は、帰国直前の梅子に「われわれは皆貴女を英国に連れてきて下さったビカステス夫人に感謝をしています。天国で再びお会いして永遠の結びつきができるのが楽しみですね。……大主教は今でも貴女にもう一度会いたいと申しています。彼は四月二六日から五月二日までロンドンに行くのですが……一八九九年四月一九日」(津田塾大学津田梅子資料室所蔵) という手紙を出している。『オックスフォード英国伝記事典』(*Oxford Dictionary of National Biography*) によれば、マクラガン夫人の組織能力は、大主教のそれに劣らぬものであった。

L・メアリ・ウエストコット（L. Mary Westcott）……ダラム大聖堂主教（Bishop of Durham, Brooke F. Westcott）の夫人。夫は英国の著名な神学者・聖書学者で、ケンブリッジ大学教授の時に、学生であった、ビカステス夫人の夫を指導しており、日本への布教にも強い関心をもっていた。「ロンドン日記」によれば、彼は梅子を自分の所に数日間滞在させ、彼の著書 *The Gospel of Life*（1895）を贈った[19]（改訂版 二九七―三〇二頁）。

この他にカンタベリィ大主教夫人ビアトリス・B・テンプル（Beatrice B. Temple）、その前任者大主教（故人）夫人メアリ・ベンスン（Mary Benson）が招待者となっており、「ロンドン日記」によれば、梅子はカンタベリィを訪れている（改訂版 三四〇―四一頁）。

② 女子の中等教育学校の校長たち

ドロスィア・ビール（Dorothea Beale, 1831-1906）……バス（Frances M. Buss）と並んで英国女子教育の重要なパイオニア。熱心な女性参政権論者。女子の名門パブリック・スクールCLCに二代目の校長として四八年間君臨し、その在任中に、卒業生に高等教育を与えたいとオックスフォード大学の女子コレッジの一つセント・ヒルダズ・ホール（現在のセント・ヒルダズ・コレッジ）を創立（一八九三年）。その教育業績に対してエディンバラ大学より名誉法学博士の学位が与えられた。彼女の女子教育への熱意は深い信仰に基づいていて、神から与えられた能力を可能な限り磨き、それを家庭のみならず女性に開かれた他の分野でも使っていくように、と生徒たちに説いた。彼女は卒業生が国の内外でリーダーとして、あるいは先駆者としてこの世の使命を果たすことを願ったので、弟子たちのなかには、大阪プール女学校の校長を三七年間務めたトリストラム（Katherine Tristram）や、ケンブリッジ女子高等師範学校の初代校長として活躍し、退職後は開学したばかりの日本女子大学校で創立者成瀬仁蔵を助けたヒューズ（Elizabeth P. Hughes）など、日本の女子教育に貢献した人が少なくない。[20] また梅子だけでなく下田歌子や日本女子大学校の学監麻生正蔵らの日本の女子教育家たちもビールを訪れている。[21] ビールは梅子の英国滞在費用の募金に力を注ぎ、CLCの校誌（*The Cheltenham Ladies' College Magazine*, Autumn 1898）に、次のような記事を載せた。

> 東京の華族女学校の先生たち二人を、彼女たちが米国から帰国する折に英国へ招待することが提案されている。ミス・ビールは彼女たちの英国滞在の費用約一〇〇ポンドの寄附を喜んで受けつける。ギフトは Mrs. Edward Bickersteth at 61 Rutland Gate, London に直接送り届けることができる。この計画の実際のプロモーターは、日本聖公会南東京地方部主教とその夫人ミセス・オードリィである（三三六頁）。

梅子訪問時の D. ビール（By kind permission of the Principal and Fellows of St. Hilda's College, Oxford.）

またビールは、梅子にCLCを一〇日間にわたって見学させ、さらに英国の女子の高等教育機関の一つであるオックスフォード大学のセント・ヒルダズ・ホールに彼女を在籍させた。

この他に、英国国教会が創立した二つの高等学校（Eaton Square と Baker Street にある The Church of England

High School）の校長たちメアリ・W・ルイス（Mary W. Lewis）とレタ・B・ストロング（Letta B. Strong）、およびアリス・オトリィ（Alice Ottley, Worcester High School for Girls の初代校長）が名を連ねている。

③ 女子の高等教育機関の学長たち

エリザベス・ワーズワース（Elizabeth Wordsworth, 1840-1932）……オックスフォード大学で最も古い女子コレッジのレイディ・マーガレット・ホール（Lady Margaret Hall、英国国教会による創立）の初代学長。リンカン大聖堂主教（Bishop of Lincoln）の娘で詩人ウィリアム・ワーズワースの姪の娘。「ロンドン日記」によれば、梅子はレイディ・マーガレット・ホールを見学、学長は彼女を食事に招待した（改訂版 三二四―二五および三三四頁）。

シャーロット・A・E・モウバリィ（Charlotte A. E. Moberly）……オックスフォード大学の女子コレッジの一つセント・ヒューズ・ホール（St. Hugh's Hall、現在の St. Hugh's College で、前述のエリザベス・ワーズワースによる創立）の初代学長。ソルズベリィ大聖堂主教（Bishop of Salisbury）の娘。「ロンドン日記」によれば、彼女は梅子を食事に招待した（改訂版 三三四頁）。

アグネス・C・メイトランド（Agnes C. Maitland, 1850-1906）……オックスフォード大学の女子コレッジの一つサマヴィル・ホール（Somerville Hall、現在の Somerville College）[22] の二代目の学長。「ロンドン日記」によれば、彼女は梅子を食事に招待した（改訂版 三二四頁）。

この他にケンブリッジ大学の女子コレッジの一つであるニューナム・コレッジ（Newnham College）の前副学長ヘレン・グラドストウン（Helen Gladstone、英国の首相William Gladstoneの娘）、ロンドン大学の女子コレッジであるベドフォード・コレッジ（Bedford College）の学長エセル・ハールバット（Ethel Hurlbatt）も加わり、「ロンドン日記」によれば、梅子はこれらの女子コレッジを見学した（改訂版二七八および三三九頁）。

④ 著述家たち

旅行家・著述家で王立地理学会（Royal Geographical Society）の最初の女性フェロウとして活躍し、日本では『日本奥地紀行』（*Unbeaten Tracks in Japan*, 1880）の著者として知られるイザベラ・バード・ビショップ（Isabella Bird Bishop）[23]、一五〇以上の作品を著して国教会の教義を教えたシャーロット・ヤング（Charlotte Yonge, 1823-1901）、夫の死後、宗教教育、特に女子教育に力を注いだルーシィ・カヴェンディシュ（Lucy Cavendish）[24]、そして故イーバリィ卿（Lord Ebury）の娘ヴィクトリア・グロウヴナー（Victoria Grosvenor）が招待者となった。

次に、梅子の招待者にはなっていないがSPG系の女性伝道会（Women's Mission Association、女子教育の促進を目的としている）から宣教師として日本に派遣されていた（一八九八―一九一一年）マライア・ウエストン（Maria Weston）の興味深い動きを記そう。彼女は日本から、自分の母校であるCLCの校長ビールに梅子に関する手紙を送り、ビールは、これを前述の募金の記事を掲載したCLCの校誌（*The Cheltenham Ladies' College Magazine*, Autumn 1898）の付録の部分に「日本女性の訪問についてマライア・ウエストンからの手紙」というタイトルをつけて掲載した。

このような女性（小鹿島と津田…白井注）がそちらを訪問することは、英国の教育界が日本の教育界に本格的な援助を開始するための絶好なる手がかり（very means）になるだろうと思います。そのような手がかりをわれわれは長い間待ち望んできました。このような思いを貴女に聞いて頂きたいと長い間待っていたのですが、これまでに今度のような打ってつけの機会はありませんでした。もちろん英国の教育界が援助開始の手段を得ることは、多くの利益のなかの一つにしか過ぎません。――今のところは、彼女たちに日本で役立つ広い教養と識見を与えることが意味のあることなのです（三六〇頁）。

ウエストンは、当時SPG系の女性宣教師が注目し、また梅子の職場でもあった華族女学校の前に家を借り、その生徒たちに英語やキリスト教を教えて上流階級の女性たちへの伝道に力を注いだ。[25]また読書会や慈善手芸会をつくり、キリスト教の勉強と慈善行為の場を日本女性に与えており、[26]梅子とは親しい関係にあったらしい。彼女とSPG本部との往復書簡[27]には梅子の名前が何度か出ているし、梅子が英国から帰国した翌年に女子英学塾を創立するために華族女学校を退職した時には、彼女はその後任として華族女学校の教師となり大変喜んでいる。[28]

これまでの梅子の伝記は、梅子の招待者たちをただ名流婦人、知名夫人と呼んできたが、すでに紹介したように、彼女たちは単に上層階級の女性というだけではなく、英国国教会のトップの階層にいる人たちなのである。国教会は、宗教界のみならず、政界、官界、軍部、学界、教育界、産業界などに強力な支配勢力を形成していることは言うまでもなく、特に当時は今日とは比較にならないほどの影響力を本国のみならず海外植民地や外国にも及ぼしていた。

梅子の招待者を見ると、大主教、主教など国教会の最高権力者の夫人たちが並んでいることに驚かされるが、『オックスフォード英国伝記事典』がヨークのマクラガン大主教夫人を組織力のある人と記録したように、こういった高位の聖職者たちの夫人は、有能な実力者でもあった。また梅子を英国へ招待することを日本で発案した南東京地方部のオードリィ主教夫人や、そのオードリィ主教の前任者である故ビカステテス主教の夫人たちを見てもわかるように（注9と16を参照）、著作を残している人も少なくない。

オックスフォードやケンブリッジ大学のコレッジやパブリック・スクールの創立は国教会によるものが多く、オックスフォードの女子コレッジの一つレイディ・マーガレット・ホールの学長ワーズワースもリンカン大聖堂主教の娘であるし、セント・ヒューズ・ホールの学長モウバリィもソルズベリィ大聖堂主教の娘であった。こういった女子高等教育の権威者たちの背後には国教会の大物がおり、また彼女たちも、女子高等教育に関しては、国教会にとって重要な存在であった。これは梅子の招待者となった著述家たちにもあてはまり、特にルーシィ・カヴェンディシュは、国教会の指導者から相談を受けた数少ない女性の一人であったと言われている。

こういった豪華な顔ぶれを揃え、梅子の滞在を実りあるものにしたのはビカステテス夫人の力であるが、それも数代にわたって主教を輩出した名門ビカステテス家の夫人ならではのことなのであろう。梅子は、ビカステテス夫人のお蔭で、クリミア戦争から帰国以来、人に会わないことで知られていた当時七八歳のナイチンゲールにも面会でき感動的な時間を過ごしている。(29)

この大がかりな招待プロジェクトに関して、日本政府が示した態度も興味深い。在英公使、外務大臣、文部大臣、在米臨時代理公使らが頻繁に連絡をとり合い、外務大臣も公金を支出し皇后まで援助に加わることになった。梅子の渡英という話は、日英同盟締結（一九〇二年一月）の前で日英関係を重要視していた日本の外務省、女子教育の充実とその国際的評価の高まりを求めていた文部省にとっても、歓迎すべきものであったに違いない。

3　女子教育の視察とオックスフォードの生活

(1) チェルトナム・レイディズ・コレッジ

「ビカステス夫人が私の行動日程をつくって下さり、私は完全に彼女の世話になっている」[30]と梅子が米国の母ランマン夫人に報告したように、彼女はビカステス夫人の指示に従って英国内を動いた。オックスフォードでの勉強、観光、教会の見学、著名人訪問、女子教育の視察、講演など、彼女の精力的な活動を、われわれは「ロンドン日記」のなかに見ることができる。そのなかでも特に多くの頁があてられたのは、有名なコツウォウルズ(Cotswolds)地域の美しい町チェルトナムにある女子パブリック・スクールCLCと、オックスフォード大学のセント・ヒルダズ・ホールにおける生活についてである。ここでは、私が両校のアーカイヴズで見出した彼女が書いた手紙、彼女に関わる手紙などを紹介し、彼女の両校における活動の一端を辿ってみたい。この二つの学校は、独立した別の教育機関ではあるが、オックスフォードのセント・ヒルダズ・ホールは梅子の招待者であるCLCの校長ビールによって創立されているから、いわば姉妹校であった。当時は大変密接な関係にあり、たとえばCLCの校誌のなかにはセント・ヒルダズ・ホールの記録が載せてあって、オックスフォードにおける梅子の活動もそのなかに垣間見ることができる。

「ロンドン日記」によれば、梅子は一八九八年一二月八日にチェルトナムに到着し一七日まで一〇日間滞在している。彼女の到着の前日、ビールの秘書ゴア（Gore）はチェルトナムからオックスフォードのセント・ヒルダズ・ホールの学長バロウズ（Esther E. Burrows）に次の手紙を送った。

ミス・ビールが、一〇ギニー支払ってもらって日本女性をCLCか、あるいはオックスフォードのセント・ヒルダズで受け入れるようにと申しています。一〇ギニー請求してもよいでしょう。彼女は明日ここへ来ると思います。彼女の英語は、母国語のようにまったく完全です。……一八九八年一二月七日

（セント・ヒルダズ・コレッジ所蔵）

梅子はチェルトナムで、CLCという女学校はもちろんのこと附属の幼稚園、すでに女性に学士の学位を与えていたロンドン大学を目指す準備コース、そしてビールが「女子教育の発展は女性の良い教師を育てることから」という信念のもとに創立した教師の養成機関などの合計八九八人[31]の生徒、学生が学ぶこの大きな教育機関を観察したり、また女子教育に献身する先生方と懇談したりして時を過ごしている（詳細は「ロンドン日記」改訂版二八〇―八七頁を参照）。そして一二月一五日には生徒たちに対して講演を行っており、CLCの校誌（一八九九年春号）には、「ミス・ツダの当校滞在中の講演は大変興味深かったので、われわれは、それを別刷りにした。ミス・ツダは親切な方なので、われわれの記録を直し、そのあと完全に書きかえて下さった。それゆえ、その記録はより完全な日本女性の生活のスケッチとなった」と記されている（八三頁）。この別刷りを発見することはできなかったが、この校誌の春号には梅子の名前で二つの文章が掲載されている。一つは梅子が書いた「日本女性」という文章で、日本の一般的な少女の生活、華族女学校の生徒の学校生活、政府が女子教育に熱心になって

きたこと、女子の高等教育が今後の課題であること、やがて日本女性も英国の女性のような教育が受けられるであろうこと、チェルトナムの学校を見て一つのインスピレイションがわいたこと、そして日本女性が中国やインドの女性の手本になれるように、というのがその内容である（二〇―二五頁）。もう一つは、梅子がビールに寄贈した日本の生活についての本（タイトルは不明）の抜粋で、日本における結婚生活は、夫と妻の関係よりも家制度が重要視されることなどが記されている（一一五―一七頁）。

わずか一〇日間の滞在であったにもかかわらず、梅子がチェルトナムでいかに活躍したか、またいかに高い評価を得たかをこの号は物語っており、約一四〇頁のこの号のなかに梅子に関わる頁を一四頁、ミス・ツダという名前を一一回、目にすることができる。さらにこの号の序文は、「ミス・ツダはこことオックスフォードのセント・ヒルダズで過ごし、絶賛を浴びた。そしてわれわれは彼女の英語のうまさに皆驚いた」と梅子に賛辞を捧げている。

一八五三年に英国国教会を基礎にして数人の信仰心厚い男性によって創立されたCLC（梅子は「ロンドン日記」のなかでビールによる創立と記しているが、これは誤り）は、一八五八年に二代目の校長ビール（二七歳）を迎えた時には、財政問題などで崩壊寸前であったと言われている。そういったなかでビールは財政を立て直し、親を説得して厳しいカリキュラムをつくり、一〇年後には女子にはふさわしくないとされていた数学（ビールの専門科目）、歴史、英文学、古典などが学内で教えられた。彼女はいわゆる競争試験の導入は好まなかったが、一年に一度、オックスフォード大学などの外部の教師が作成した試験問題を生徒に解答させて、勉強の水準を高く維持することに努めている。

そしてCLCは、学問的にも財政的にも文字通り英国最高の女子パブリック・スクールに発展し、生徒数も大幅に増え、生徒の多くはオックスフォード・ケンブリッジ大学内の女子コレッジや、ロンドン大学へと進学した。しかし、ビールは商人の娘の入学は認めず、この学校には排他的なエリートの学校という姿勢があった。校長のビールは小柄ながらも威厳の点ではその右に出る人はヴィクトリア女王のみと言われ[32]、また学内の教師陣もその優秀さを誇っていた。一八九七年の終わりまでに四〇人以上の教師たちが主として新設の学校の校長になっており[33]、女子教育におけるビールの影響力は絶大なものとなったのである。

日本で女子の高等教育機関創立に思いをめぐらす梅子が、この地で何を感じたかは興味深い。彼女はビールの学校の発展を見て、「イングランドの教育がどのように進歩していったかを見るのは励みになる」と「ロンドン日記」に記し（改訂版 二八七頁）、チェルトナムを去った翌日、ビールに次のような手紙を送った。

親愛なるビール様

貴女にお目にかかれ、貴女の学校を見学する機会をお与え下さり、厚くお礼を申し上げます。貴女の学校は、本当に素晴らしく、過去三、四〇年間の英国女性の進歩を示す生きたシンボルですね。日本も今後三、四〇年の間に、このように進歩することができればどんなによいことか。貴女の学校のいろいろなスタッフの方にお会いしてお話ができ、とても楽しい経験でした。もっと長い時間をかけて、教育の問題について皆さまのお考えを伺うことができたならばと思っています。このようにお近づきになれたのですから、再びお会いできますように。

人生を女性の助け手として捧げてこられた貴女方のような教育者にお目にかかれましたことは、本当に大変な名誉でございました。

われわれが日本で行おうとしているまさにその仕事に携わっていらした方たちにお会いする機会が与えられ、とても感謝しています。英国の女性たちのお招きを大変有難く思っています。私は刺激を受け、役に立つものをたくさん身につけて帰国したいと存じます。重ねてお礼申し上げます。

かしこ

ウメ・ツダ

一八九八年一二月一八日

26 Onslow Square, London SW

（CLC所蔵）

(2) オックスフォード大学セント・ヒルダズ・ホール

梅子がオックスフォードのセント・ヒルダズ・ホールに籍を置いたのは、一八九九年一月から三月まで、すなわちヒラリィ・ターム（Hilary Term）と呼ばれる一学期間であった（彼女はセント・ヒルダズ・ホールにおける最初の外国人学生[34]）。当時このホールでは、ビールが任命した初代学長バロウズとその娘のクリスティーン（Christine E. Burrows、副学長）が中心になり一九人の学生が寝食を共にして勉強に励んでいた。

現在、セント・ヒルダズ・コレッジのアーカイヴズに保存されている当時の日誌を見ると、一八九九年一月二八日の所には、Miss Ume Tsuda・Tokio-Japan, Came for one Term (Educated in U.S.A. Teacher in Peeresses' School, Tokio.) と、また三月一一日の所にはMiss Tsuda's Lecture on 'Japanese Women'、四月二一日から二八日の所には、Miss Tsuda、といずれもバロウズの字で記されている。さらにセント・ヒルダズの会計簿（*St. Hilda's, Oxford, Boarding House, Account Book*）の一八九九年一月の所には、同じくバロウズの字で一九人の学

セント・ヒルダズのこの建物の２階に梅子は滞在したらしい（当時の写真．コラム参照）（By kind permission of the Principal and Fellows of St. Hilda's College, Oxford.）

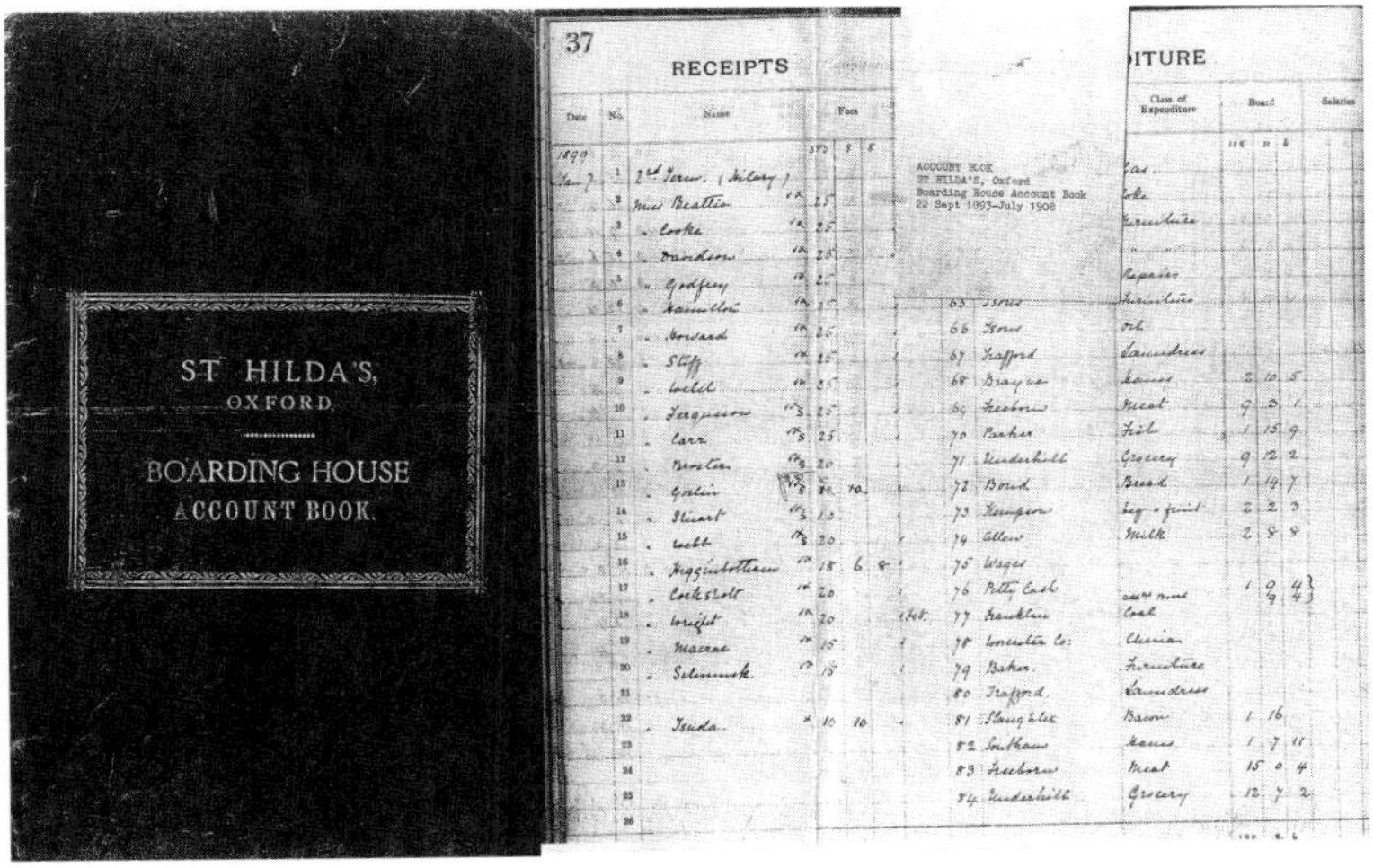

梅子の支払いが記録されている当時のセント・ヒルダズの会計簿（By kind permission of the Principal and Fellows of St. Hilda's College, Oxford.）

生の名前とその納入額が記されており（多くの学生は二五ギニーを納めている）、二〇人目にミス・ツダの名前と一〇ギニー一〇シリングという納入額が記録されている。この会計簿には商人たちへの支払いも書かれており、ミルク、魚、肉、石炭、洗濯代などの語は、梅子を含めた二〇人の当時の学生の生活を偲ばせる。

当時のセント・ヒルダズ・ホールの記録がＣＬＣの校誌に掲載されていることは前述したが、バロウズは、「今学期は二〇人がホールに住んだ。われわれのなかに日本の東京からミス・ツダを迎えて喜んでいる。彼女はとてもチャーミングである。彼女は、日本の女性について、われわれの目を少なからず開かせてくれた」と記した（一八九九年春号、七二頁）。

英国は、梅子が学んだ米国とは異なり、その歴史と伝統を誇り封建制度の影響が長く続いた国である。したがって女性が男性と同等の高等教育を享受し、しかも学位を取得するということに関しては、米国よりも遅れていた。一九世紀に女性に学位を与えた英国の大学を早い順に記すと、ロンドンにあったマンチェスター・ニュー・コレッジ（一八七六年）、セント・アンドルーズ大学（一八七七年）、ロンドン大学（一八七八年）、ダラム大学（一八九五年）となり、一二世紀に創立されたオックスフォード大学は一九二〇年に、[35] ケンブリッジ大学の場合は何と一九四八年になって初めて女性に学位を与えたのである。

オックスフォード大学内に創立されたセント・ヒルダズ・ホールを含む四つの女子コレッジは、梅子が滞在した時には大学が認める正式なコレッジではなかった。しかし大学は、女子学生が男子学生に混じって講義を聞くことは認めていた。

「ロンドン日記」（改訂版　三一四—三五頁）を読むと、梅子は学長バロウズの娘のクリスティーンと一緒に週に一回、アーノルド（Matthew Arnold）の作品を読み、その他に、女子コレッジの一つであるサマヴィル・ホールのシーヴィン（Sheavyn）から英文学の個人指導（tutorial）を受け、[36] アディスン（Joseph Addison）、ベイコン（Francis Bacon）、ポウプ（Alexander Pope）などの作品を勉強した。これは、日本で英文学を教える時に役立つようにという考えからのようである。そして七〇〇年の歴史をもつこの世界的な大学のたくさんの講義のなかから、シェイクスピア、歴史、倫理学を聴講し、特にベンサム（Jeremy Bentham）や功利主義などがテーマになっている倫理学を、大変難解だが好きだと書いている。

また倫理学の受講者について「男性がとても多く、女性はたった五人だけ」と記し、歴史の受講者については、「男性の受講者は全員帽子をかぶりガウンを着ており、ほんの一握りの女性の受講者は彼らと離れた場所に坐っている。女性は二、三人で行動し、決して一人で講義に出席することはない。男女の学生が混じることはないのだ」と当時の学生の姿を描いていて興味深い。

事実、当時のセント・ヒルダズ・ホールの規則を調べてみると、女子学生は一人ではなく二人以上で行動するようにと記されているし、その他に、日曜日には礼拝に行くようにとか、学期中は、週に一度以上は、親と一緒であってもディナーに出かけてはならないとか、親が承知していない男性からの訪問を受けてはならない、など規則は細かく厳しい。

梅子は、一七世紀創立のボドリアン・ライブラリィ（Bodleian Library）には一八九九年二月一一日に閲覧のために登録をした。この時の彼女の署名と推薦状は、現在もこの図書館に保存されていて確認することができる。[37]「ほとんど毎朝図書館に来て、勉強に励んでいる」と記してはいるが、梅子は、ランチやディナーなどへの招待、講演の依頼などに追いかけられ、「私は静かに勉強する時間がなかなかもてない。それが一番残念なことだ」「一年か二年ここで勉強したい」とも書いている。

そして学期の最後の三月一一日にはセント・ヒルダズ・ホールで和服を着て講演をし、[38] それを学長のバロウズはCLCの校誌（一九〇〇年春号）に次のように記録した。「ミス・ツダは、米国経由で日本へ帰るにあたり、ここを去る前に、日本女性の過去と現在について大変含蓄のある興味深い講演をした。聴衆は約七〇人を数えた。われわれは、このチャーミングな志の高い小柄なレイディとどんなに名残を惜しんで別れたことか」（八〇頁）。この講演の内容は不明であるが、梅子は英国到着直後に、横浜で発行された新聞 *The Japan Weekly Mail*（一八九八年一一月一九日、二六日、一二月三日）に長文の "Japanese Women" を発表しているので、オックスフォードの講演も、これと関わるものと思われる。

さらに、彼女がセント・ヒルダズ・ホールに滞在中にビールが学長バロウズに宛てた二通の手紙のなかにも、梅子の講演についての記述が見出せる。

ミス・ツダにくれぐれもよろしく伝えて下さい。彼女の書いたペイパーを私がとても気に入っていることを話して下さい。彼女の英語は素晴らしい。彼女はいつチェルトナムに来るのでしょう。貴女方の学期が終わったらすぐに、ということでしょうね。……一八九九年二月一八日

（セント・ヒルダズ・コレッジ所蔵）

興味深いお手紙を有難う。貴女がわれわれと同じようにミス・ツダを好きになってくれたので嬉しく思います。おそらく誰かが彼女の講演の記録をとることができるでしょう。……ミス・ツダにくれぐれもよろしく伝えて下さい。彼女は講演内容を校誌に送って下さるということなので、お礼を言って下さい。われわれ

は、彼女が来られる時に喜んでお会いするでしょう。……一八九九年三月四日

（セント・ヒルダズ・コレッジ所蔵）

（3）学長たちとの文通

セント・ヒルダズ・ホールのバロウズは、ビールが彼女の優しく温かい性格を高く評価して学長に選んだ人であり、[39]梅子にも大変優しい心遣いを示している。[40]梅子はオックスフォードを去ったあと、すぐにこの学長に感謝の手紙を送った。

親愛なるバロウズ様

私は無事にロンドンに到着致しました。ロンドンは深い霧に包まれていました。今、朝の一〇時ですが、ここはかなり暗く、日が照っていたオックスフォードとは随分違います。

私をお見送り下さり、旅の安全を祈って下さって本当に有難うございました。私は、オックスフォードをどんなに名残を惜しみつつ立ち去ったことか。この世では静止しているものは何もなく、絶えず動かねばならないことは辛いですね。未来のいつの日にか、再びオックスフォード訪問ができますように。もう一度あの生活を送りたいと思います。

貴女が私のために行って下さったことすべてに対して、何度もお礼を申し上げます。私はそれをどんなに感謝申し上げていることか。帰国前にもう一度お目にかかるのは無理でしょう、などと申し上げるのは耐えられません。

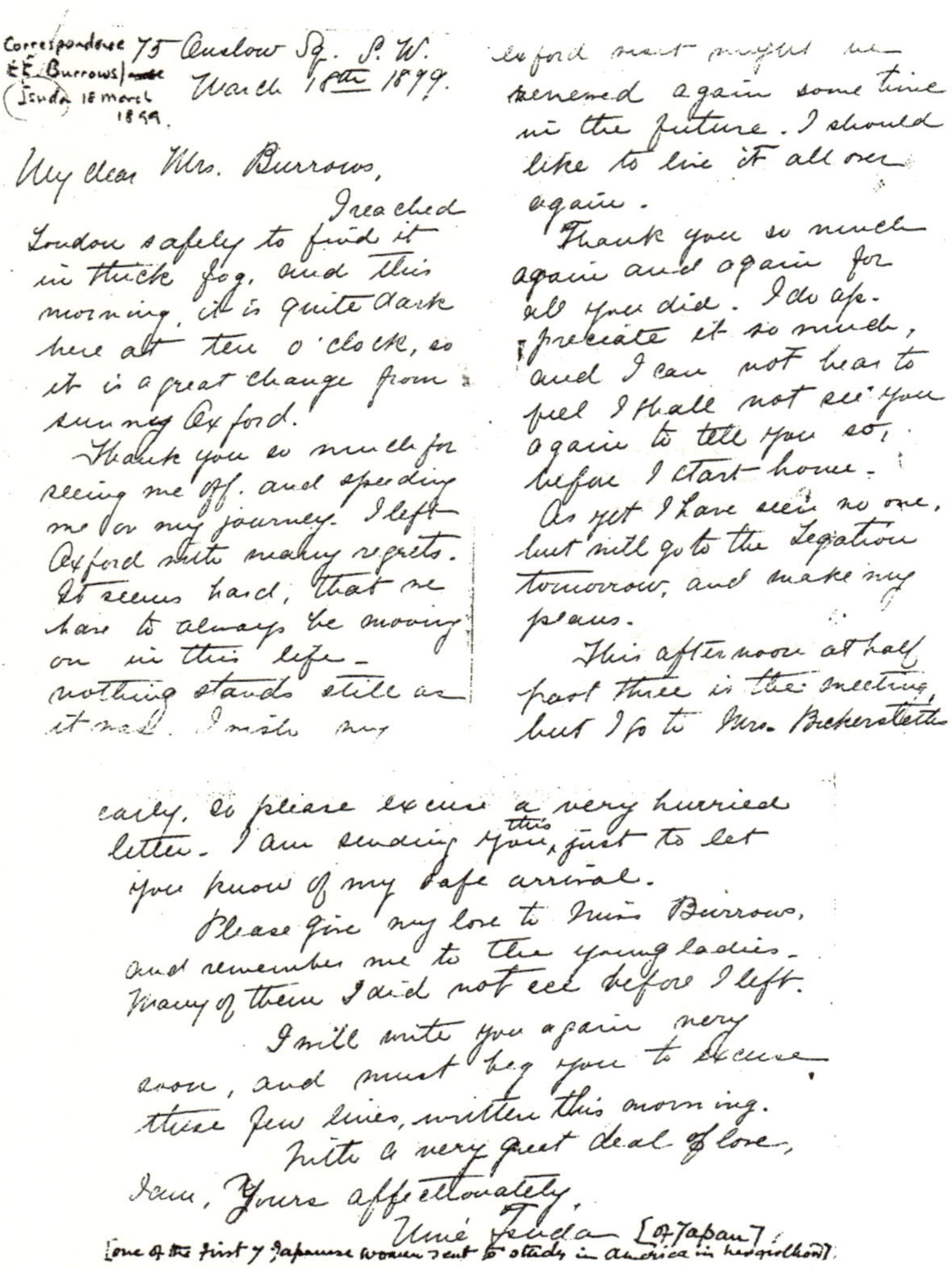
Correspondence
E.E. Burrows
Tsuda 18 March 1899.

75 Onslow Sq. S.W.
March 18th 1899.

My dear Mrs. Burrows,

I reached London safely to find it in thick fog, and this morning, it is quite dark here at ten o'clock, so it is a great change from sunny Oxford.

Thank you so much for seeing me off, and speeding me on my journey. I left Oxford with many regrets. It seems hard, that we have to always be moving on in this life — nothing stands still as it was. I wish my Oxford visit might be renewed again some time in the future. I should like to live it all over again.

Thank you so much again and again for all you did. I do appreciate it so much, and I can not bear to feel I shall not see you again to tell you so, before I start home.

As yet I have seen no one, but will go to the Legation tomorrow, and make my plans.

This afternoon at half past three is the meeting, but I go to Mrs. Bickersteth's early, so please excuse a very hurried letter. I am sending you this, just to let you know of my safe arrival.

Please give my love to Miss Burrows, and remember me to the young ladies. Many of them I did not see before I left.

I will write you again very soon, and must beg you to excuse these few lines, written this morning.

With a very great deal of love,

I am, Yours affectionately,

Umé Tsuda [Of Japan]

[one of the first 7 Japanese women sent to study in America in her girlhood]

梅子の英文書簡（1899年３月18日，セント・ヒルダズの学長バロウズ宛）（By kind permission of the Principal and Fellows of St. Hilda's College, Oxford.）

まだ誰にもお会いしていませんが、明日は日本公使館に行き予定をたてます。
今日の午後三時半に会合がありますが、その前に私はビカステス夫人の所に行きます。それでこのように大変あわただしいお手紙になってしまいお許し下さい。私が無事にロンドンに到着したことをお知らせするために、この手紙をお送り致します。
ミス・バロウズにどうぞよろしくお伝え下さい。そして若い学生さんたちにも、よろしくお伝え頂きたく思います。出発前に学生さんのほとんどの方にお会いすることはできませんでした。
すぐにもう一度お手紙をしたためたいと思います。そして、今朝、このように短い手紙しか書けなかったことをお許し頂きたいと思います。心から深い愛をこめて。

かしこ

ウメ・ツダ[41]

一八九九年三月一八日

75 Onslow Sq. SW

（セント・ヒルダズ・コレッジ所蔵）

梅子がオックスフォードを去ったあと、チェルトナムにいるビールは彼女に手紙を出しており、梅子もそれにすぐ応えている。

親愛なるミス・ツダへ

再び貴女に、チェルトナムでお会いできず大変残念です。オックスフォードの学期は、貴女にとって良かったことでしょう。貴女の訪問は、私たちの日本への共感を増させました。貴女が従事していらっしゃる大きなお仕事が、貴女のお国の女性にとって豊かな恩恵となりますように。

一八九九年三月二六日

ドロスィア・ビール

P. S. われわれのコレッジの写真を貴女に差し上げたかどうか忘れました。差し上げていなかったならば、お送り致しましょう。写真を交換しませんか。

（津田塾大学津田梅子資料室所蔵）

親愛なるビール様

ご親切なお手紙を頂き、お礼を申し上げます。手紙はビカステテス夫人が私に転送して下さいました。そしてまた今日は、お写真を有難うございます。それを手にして喜んでおります。日本に戻りましたら、すぐに私の写真を一枚必ずお送りしますのでお受け取り下さい。今は一枚ももっていませんので。私の英国訪問と滞在は、私に一つのインスピレイションを与えてくれました。私はこの滞在を言葉に尽くせぬほど楽しみました。英国の女性たちが私に与えて下さった特別の恩恵とたくさんのご親切に、お礼を申し上げます。私は、この思い出を長く心に留めるでしょう。

再びチェルトナムを訪れ、直接お礼を申し上げられないことを大変残念に思っています。しかし、まだ可能性はごくわずかですが残っています。というのは、私がいつ船に乗るのか、はっきりしないものですから。もし万が一私が、二、三週間帰国を延ばせるのならば、たった一日の訪問でもチェルトナムに行きたいと存じます。

日本女性のためのわれわれの仕事に対して貴女が親身なるお心遣いを示して下さったことにお礼を申し上げます。今の日本の情勢は危機的ですが、それはまた希望の時でもあるのです。日本の女性のしあわせのために、そして日本のより良い女子教育の進歩のために、どうぞ祈って下さいませ。私が享受させて頂いた大きな特別の恩恵と貴女のご親切なお手紙に対して、重ねてお礼を申し上げます。

かしこ

ウメ・ツダ

75 Onslow Sq. SW

一八九九年三月二九日

（ＣＬＣ所蔵）

梅子は、前述したセント・ヒルダズ・ホールの日誌に書かれていたように四月二一日から二八日まで、英国の最後の日々をオックスフォードのセント・ヒルダズ・ホールに戻って過ごしている。この間にまたビールに次のような手紙を記し、ビカステス夫人を通して贈られたアルバムに感謝の気持ちを表した。このアルバムは、梅子がランマン夫人に宛てた手紙によれば、緑色の革表紙がついた、どっしりした大きなもので、金色で梅子のイニシャル文字が入れられ、表紙をめくると「Miss Ume Tsuda, with best wishes from some of her English friends」という言葉とともに、一五人の女性たちの署名が記されていた。さらにビカステス夫人からの「日本女性のためのこれからの貴女のお仕事に神の祝福がありますように」と願う手紙も添えられ、梅子は、それらを読んだ時に感極まったとランマン夫人に報告している。(42)

親愛なるビール様

私はもう一度チェルトナムを見たいと本当に心から思っていました。五か月の英国滞在を経た今、少なくとも貴女にお会いしてこの地の教育の仕事について何かもっと伺えることを、そしてまた、この前のチェルトナム訪問時よりも一層この地の教育を正しく理解できることを、望んでいました。さらに、この英国訪問という特別の恩恵に対して、貴女に直接感謝を表したいとも願っていました。しかしながら、それは不可能なのです。というのは、私は今月の二九日に出航して、米国を経て日本に帰ろうと思っているからです。もうあと二、三日しか英国にはいられませんし、貴女の学校はまだ始まっていません。そこで、私が享受した大きな機会に対して、また私に示して下さったたくさんのご親切に対して、そしてこの訪問から私が得た大きな刺激に対して、この手紙のなかで心からの感謝の気持ちを貴女に捧げたいと思います。私はすべてを心から楽しんでまいりました。見聞したすべては、未来の私の仕事のなかで大いに役立つでしょう。

どうぞ、この素晴らしい特別の恩恵に対する私の感謝の気持ちをお受け取り下さい。また、英国の友人たちの名前が入った美しいアルバムを数日前にビカステス夫人から頂き、貴女に厚くお礼を申し上げます。本当に、それは、私の英国訪問と英国の女性たちについての、かけがえのない美しい思い出の品です。英国の女性たちは、考えられないほど親切にして下さいました。感謝の言葉を知らないほどです。

帰国しましたら、日本の友人に話すことがとてもたくさんあります。多くの心地よい思い出が、いつまでも心に残るでしょう。

ご自愛のほどを祈ります。

かしこ

一八九九年四月二七日

セント・ヒルダズ・ホール、オックスフォード

ウメ・ツダ

（ＣＬＣ所蔵）

梅子は、米国へ廻って、しばらくランマン夫人と一緒に過ごし、七月二三日に帰国した。[43]その途上の太平洋航行中にオックスフォードの生活に思いを馳せ、学長のバロウズに再び手紙を書いた。この手紙は、ＣＬＣの校誌（一八九九年秋号）に掲載されている。

親愛なるバロウズ様

私は、すでにほぼ一三日間海の上にいます。英国からはすっかり離れてしまったと感じています。ニューヨークで一週間過ごしたあと、カナダを通って日本へと出発致しました。私は、景観をとても楽しみました。ロッキー山脈は、これまでに私が幸運にも眺めることができたどの時よりも素晴らしいものでした。雪におおわれた山の真中に実に荘厳な日没を目にし、その美しい光景は、筆舌に尽くし難いものでした。ヴァンクーヴァに着いた時には、何人かの日本の友人に会いました。われわれは大変心地よい航海をしました。海はいつも湖のようで、ほとんどさざ波すらないことが幾日かありました。私はほとんど一日中甲板の上にいて、それを大いに楽しみました。

私は、帰国するのでとても興奮しています。今回は長い旅で、この一年間にたくさんの経験をし、人びとにお話しすることが山のようにあるからです。この静かな長い休息の日々に、私はしばしばオックスフォー

ドや、セント・ヒルダズの生活のことを思っております。今、セント・ヒルダズのお庭は大変美しいでしょうね。窓からの眺め、モードリン（Magdalen）橋の眺めは、夏の木々の葉が茂ったので一寸遮られるとしても、以前と変わらないことでしょう。私はその景観を以前ほどはっきりと思い描くことはできなくなりましたけれども。皆様方からは本当に遠く離れてしまったと感じていますが、しかしその思い出は今でも鮮やかです。貴女のご親切、私という外国人に対する貴女の温かいおもてなしを、いつも思い出すでしょう。私は、貴女の写真を手にしていて大変嬉しいのです。貴女とミス・バロウズが私のような旅をして日本へいらして下さるよう、切に願っています。きっと貴女方は、日本の旅をとても楽しまれることでしょう。私はオックスフォードにおける一学期間をとても楽しかった経験として、たびたび思い出すと存じます（二一四―一五頁）。

セント・ヒルダズ・ホールの学長バロウズは、この一年後に梅子が女子英学塾を創立した時に、そのお祝いとして詩集を贈っている[44]。また、彼女のためにお金を集めようという話も持ち上がったようだ。しかし、「ミス・ツダはコレッジのなかでお金を集めることを許してくれない。すべてのパイオニアがそうであるように、彼女は苦しい仕事をしなければならないだろう」という学長バロウズ宛の手紙[45]が、約一二〇年を経た現在、セント・ヒルダズ・コレッジのアーカイヴズに残されているので、募金は実行されなかったと思われる。

4　女子英学塾創立へ

梅子のオックスフォード大学留学は、通常の留学ではない。それは、大英帝国を支配してきた英国国教会のトップの階層にいる女性たちの積極的な招待によるものである。「ロンドン日記」を読むと、梅子は勉強や女子教育視察の間を縫って、すでに記した聖職者たちのみならずオックスフォードやケンブリッジの男子コレッジの長たち（当時は聖職者が多かった）、ソルズベリィ大聖堂主教（Bishop of Salisbury）、エクセタ大聖堂主教（Bishop of Exeter）、そして国教会の二つの大きな海外伝道団体、すなわち「英国教会伝道会」（The Church Missionary Society）と、すでに記した「英国海外福音伝道会」（SPG）の最高責任者にも会い歓迎されている。事実、女子教育の促進を目的としている、SPG系の女性伝道会（Women's Mission Association）の最高責任者マケンジィ（Ethel Mackenzie）は、「ほとんどどの主題も自然にキリスト教の方法と思想につながっていく、とミス・ツダが言ったのを私は大層興味深く聞いた[46]」「フォーサイス（Forsyth）家（ビカステス夫人の実家…白井注）でミス・ツダが親切にも行って下さった講演の際に、ミス・ツダに会えたのは大きな喜びであった[47]」と日本にいる女性宣教師ウエストンに書き送っている。特にヨークの大主教は前述のように二度にわたり梅子を招き、さらに帰国直前の彼女にもう一度会いたいと言っているが、こういった国教会関係者の特別のもてなしは、単なるホスピタリティであったのだろうか。

すでに紹介した女性宣教師ウエストンのビール宛の手紙の内容（三六頁）や、女子教育の充実こそが布教の発展につながるというSPGの構想[48]を考えてみる時、梅子に対するこの招待には特別な意図があったと言えないであろうか。それまでにSPGは、東京に香蘭女学校（一八八八年）、そして神戸に松蔭女学校（一八九二年）などの女子の中等教育機関を開校しているから、次のステップとして、日本聖公会の信徒で聖アンデレ教会において英国人の聖職者と親しく、抜群の英語力をもつ梅子、そして女子の高等教育機関設立に意欲をもっていた梅子に熱い視線が注がれたとしても不思議ではない[49]。実際、女子英学塾の創立（一九〇〇年、キリスト教主義に基づいているがミッション・スクールではない）と日本女子大学校の創立（一九〇一年）に合わせて、ケンブリッジ大学のニューナム・コレッジの教師だったフィリップス（Gladys Philipps）が聖ヒルダ伝道団のメンバーとして日本に送りこまれており、彼女の記したこれら二つの女子の高等教育機関における献身的な教育と伝道（課外）の報告も英国には存在する[50]。

他方、米国の女子教育に通じていた梅子の方も、日本に女子の高等教育機関を創立する前にぜひ英国の女子高等教育を見たいと早くから望んでいたようである。従来の伝記においては、梅子の英国行きの話は米国滞在中の一八九八年の秋に突然起こったことになっている。しかし筆者は、一八九七年一月一〇日付でビールがセント・ヒルダズ・ホールの学長バロウズ宛に書いた手紙の中に「次の学期にわれわれの所に日本のレイディが来る。彼女は英国の教育を見たいそうだ」（セント・ヒルダズ・コレッジ所蔵）という文章を見出した。これは梅子のことである可能性が高い。確実に言えるのは、梅子が米国における会議出席のために日本を出発する一八九八年六月三日の前に、英国訪問の話が出ていたということである。当時の在日英国公使アーネスト・サートウ（Ernest Satow）が梅子の父津田仙に宛てた手紙[51]（一八九八年七月九日付、津田塾大学津田梅子資料室所蔵）を読むと、「あなたのお嬢様は、デンヴァーへ出発なさる直前にオードリィ夫人の所に来られました。……オードリィ夫人は、お嬢様の米国行きは英国の教育方法を見に来て頂くのに良い機会だと考えました。この計画をお認めになるのならば……」とある。また横浜の新聞 *The Japan Weekly Mail* は、一八九八年八月一三日に、梅子がオックスフォードへ行くことを早々と報じている。

梅子は英国から帰国後約一年を経た一九〇〇年九月に、年来の夢を実現させて女子英学塾を創立した。それは、梅子の生涯においてのみならず、日本で初めて私立の女子の高等教育機関が設立されたという意味でも極めて重要な出来事であった。彼女は塾建学の趣旨を「私立女子英学塾規則」の第一章のなかに、次のように鮮明に示している。[52]

第1条　本塾は婦人の英学を専修せんとする者並に英語教員を志望する者に対し必要の学科を教授することを目的とす

第2条　本塾の組織は主として家庭的の薫陶を旨とし塾長及び教師は生徒と同住して日夕の温育感化に力《つと》め又広く内外の事情に通じ品性高尚に体質健全なる婦人を養成せん事を期す

これは、英学の専修、高等教育による英語教員の養成、それによる女性の自立と地位向上、教育手段としての寮生活と個人教育、そして人格教育を強調したものとしてユニークであり、現在の津田塾大学にもこの趣旨は受け継がれている。

では梅子のこのような考えはどのようにして形成されたのであろうか。もちろんそれは、彼女自身が教育を受けた米国を範としていることは当然である。しかし、創立直前の英国滞在、CLCやオックスフォード大学滞在もかなり大きな影響を与えた、と推測することは可能であろう。彼女がチェルトナムで記した校誌への寄稿文とビール宛の手紙（一八九九年三月二九日付）の両方のなかで「英国滞在は、私に一つのインスピレイションを与えてくれました」と書いた時、それは単なる儀礼以上のものがあったと思われる。女子の高等教育に関して言えば、彼女が滞英した頃は英国もまだ揺籃期であった。しかし、CLCという充実した女学校の校長でありながら卒業生にさらに高等教育を与えようと、オックスフォードにセント・ヒルダズ・ホールを創立したビールの姿は、華族女学校の教師にあきたらず女性の高等教育機関を創立しようとしていた梅子にとって大きな刺激になったことであろう。彼女は、「ロンドン日記」のチェルトナムにおける記述の中で「教育がイングランドでどのように進歩していったかを見ることは励みになる」と書いた（改訂版 二八七頁）。また、彼女は帰国後、英国の教育方法の方が米国のそれよりも優れている、とはっきり語っている。

私が此節西洋に参りましたのは主に教育視察の為でありまして色々発明する事もありました……英国教育の方針は個人々々の特質長所を発達せしめるのを目的と致して居ります……学問の上から言へば英吉利では己が長所を充分に発達せしめることが出来ますが亜米利加では嫌な物でも一同に修めなければならぬ故それだけ己が長所を発達せしむるの妨となります。私考へまするに子供のうちは普通の智識を与へる必要もありますが故米法の方が宜しいかと思ひますが少しく大きくなれば無論英国の教育法が宜しう御座ります。(53)

オックスフォード大学を特徴づけるテュトーリアル（tutorial）教育は、学生一人一人を大切にしてその能力と長所を伸ばしていくことを目的とした個人教育で、それはホールやコレッジと呼ばれる学寮のなかで行われている。梅子が寮生活における教育を重視し、また、日本語で語ったと言われている女子英学塾の開校式の式辞のなかで、「真の教育は生徒の個性に従つて別々の取扱ひをしなければなりません。………従つてその教授や訓練は、一人々々の特質にしつくりあてはまるやうに仕向けなくてはなりません[54]」と述べていることは特に注目に値する。

英国と米国はアングロ・サクソン文化を共有している部分が多いので、教育の理念や方法においても両者を截然と区別することはできないが、本章の目的は、梅子の生涯と教育を考える場合に、これまでほとんど無視されてきた彼女の英国滞在が実は大きな意味をもっているという点を史料的に実証することである。最後に、実証抜きの挿話を加えよう。

ビールは生徒を取り巻く学内の環境にも教育効果を考え、たとえば教室の窓のステンド・グラスは単なる装飾であってはならないと、その絵の選択にも意を用いた。CLCにおいて生徒たちを思想の世界へと高める絵として選ばれたものの一つにテニスン（Alfred Tennyson）の詩『プリンセス』（*The Princess*, 1847）の一場面がある[55]。この詩は女性の社会的権利、女子教育などの問題を扱ったものだが、梅子は、女子英学塾の『同窓会報』（*Alumnae Report*）の創刊号（一九〇五年）に女子英学塾の理想について寄稿し、その最後に「テニスンの英国の女性に対する言葉は、等しくわれわれにも、そしてわれわれの時代にもあてはまる。それは、簡単に述べると、女子英学塾の礎石をなすものである」と記して『プリンセス』の一節を引用した[56]。ビールはおそらくあの見事なゴシック建築のなかで輝くステンド・グラスの絵、『プリンセス』の一場面を梅子に示して説明したことであろう。その場面に感動した梅子が、英国滞在の記憶を心に留めて『同窓会報』への寄稿文のなかでこの詩の一節を引用して筆を擱いたとは考えられないであろうか。

これは想像に過ぎないが、オックスフォードに女子コレッジを創設したビールも、女子英学塾を創立した梅子も、そして『プリンセス』のなかで女性の権利確立のために女子大学を創立した南国の王女アイダ（Ida）も、女性に男性に劣らぬ優れた高等教育を与えることこそ女性の自立への道だという固い信念を共有していたのである。

コラム

ナイチンゲールを訪問した津田梅子

一八九九年三月二〇日の夕方五時に、滞英中の梅子はロンドンのナイチンゲール宅を訪問している。ナイチンゲールに会いたいという彼女のかねての願いを、本文に何度か記したビカステス夫人が叶えてくれたのだそうだ。この時ナイチンゲールは七八歳の高齢で、かなり視力が衰えていたと言われている。梅子は、その出会いを、そしてどのような会話をかわしたかを、本文で紹介した「ロンドン日記」に英語で書き記した。

大きな真白いベッドの上で、純白のドレスと白い肩かけをまとい、キャップをかぶった輝くばかりの女性が枕に寄りかかっていた。そして足元には、赤い絹のキルトが置かれている。彼女の目は生き生きとして知性にあふれ、顔にはあまりしわがなく、そんなに老けては見えなかった。そこには、昔はさぞかし美しかっただろうと思わせるものがあった。

このようにナイチンゲールを描写した梅子は、「日本の女性について話して下さい」というナイチンゲールの言葉に促されて、日本の看護の事情などを話し、さらに、現在低い地位にいる日本女性の将来の展望と、女性の仕事の場が少しずつではあるが拡がってきていることを語ったところ、ナイチンゲールは、「それはイングランドでもまったく同じでしたよ。四〇年前は（傍点は白井による）女性は、とても活動範囲の狭い生活をしていました。親は娘には結婚以外の何ものも期待しなかったのです」と述べたという。
そして、梅子は帰り際に大きな花束を贈られてナイチンゲール宅をあとにした。彼女は日記の最後に次のように書いている。

これは忘れることのできない訪問だった。彼女は何と素晴らしい女性だったことか。今日お会いしたあの方がフローレンス・ナイチンゲールだったなんて、今でも信じられない！　お礼状を書かなくては……。

私は梅子のナイチンゲール宛礼状（津田塾大学津田梅子資料室は、この礼状の下書きを所蔵している）や、当時のナイチンゲールの状態を知る手がかりが見つかればと期待して、ロンドンのブリティシュ・ライブラリィのなかのナイチンゲール・コレクションを調べたことがある。このコレクションには、ナイチンゲールが受け取った手紙だけでなく、彼女自身が書いた手紙なども回収されて入っており、さらには、彼女が記した料理のレシピやメモなども保存されていた。残念ながら梅子が書いた礼状は見出せなかったが、ナイチンゲールを専門とする図書館員は、「きっと米国の大きなコレクションのなかに入っているのでしょう」と話していた。この頃のナイチンゲールは、視力の衰えのためか、クレヨンのような太い筆記道具を使って大変大きな字で手紙を書いており、その手紙は彼女に贈られた花に対する礼状が多く興味深かった。また、イースターが近いので訪問客が多くて疲れるなどというナイチンゲールの記述（一八九九年三月二三日）も目に入った。
日本では、ナイチンゲールを看護の近代化に貢献した人としてのみ捉えることが多い。しかし彼女は、この時から約四〇年前に、女性は、結婚のみが期待されていて、人生に展望がもてないことや、女性がいかに社会によって自己実現が阻まれているかを訴え、女性の覚醒を促した小説『カサンドラ』(*Cassandra*)を著しており、この書は、現在、フェミニズムの書として高く評価されている(公刊されたのは一九二八年)。また、ナイチンゲールは、J・S・ミルが火をつけた英国の女性参政権運動にも協力しているし、既婚女性の財産に関する法律の改正や、売春婦の救済、性病法の改正にも力を貸し、女性の地位向上に大きな働きを示したのである。

梅子はナイチンゲールを訪問した年の翌年に、女子英学塾(現在の津田塾大学)を設立している。日本女性のための高等教育、地位向上、自立への道を求めた梅子と、ナイチンゲールとの出会いは、フェミニズムの歴史の上でも大変意義深いことなのだ。

また、梅子の「ロンドン日記」に記されたナイチンゲール訪問記録は、ナイチンゲール研究においても注目されている。二〇〇一年から一〇年以上かけてカナダで出版された一六巻に及ぶ『ナイチンゲール著作集』(*The Collected Works of Florence Nightingale.* Ontario, 2001-12)は、世界の二〇〇以上の図書館・アーカイヴズからナイチンゲールの一次史料を集めたものであるが、その編集者のリン・マクドナルドさんは、来日の折に私が見せた梅子の訪問記録を読んで「ナイチンゲールに直接会って記録した著述は大変珍しい。この記録をもっと早く知っていたならば、『著作集』のなかに何らかの形をとって入れたのに……」と述べた。

梅子はナイチンゲールから贈られたスミレと鈴蘭の花を押し花にしており、津田塾大学にはその押し花が保存されている。スミレの押し花のかすかに紫がかったピンクの色は、その時から約一二〇年を経た今日でも、二人の感動的な出会いをひっそりと伝えている(本書口絵参照)。

コラム

『オックスフォード英国伝記事典』に載った津田梅子

二〇〇四年に、六一巻（そのうちの一巻は索引）という膨大な蓄積として登場したオックスフォード大学出版局発行の *The Oxford Dictionary of National Biography* は、一九世紀の終わり（一八八五—一九〇一）に大英帝国がその威信をかけて作った *The Dictionary of National Biography*（全二二巻と、その後一〇年ごとに発行された補遺で成り立ち、スミス・エルダー社発行）に続くものであるが、何とこの新版に日本人女性の津田梅子が入れられたのである。

このオックスフォード版には、英国籍の人物だけでなく、しかるべき期間英国に住んだ外国人、あるいは英国の生活に足跡を残した外国人訪問客なども加えられ、約五万五〇〇〇人についての詳細な伝記が集められた。王侯貴族や英国国教会指導者の名前がかなり多く出てくるこの『伝記事典』は、日本の伝記事典とは趣を異にしている。

梅子に関してこの事典が強調するのは、彼女の父親が進歩的なサムライで西洋文明の吸収に熱心であったこと、六歳で日本政府派遣の最初の女子留学生の一人として渡米したこと、米国で中等教育を受けクリスチャンになったこと、プロテスタントの中産階級の家庭生活を経験し個人の自由を尊重する精神を身につけたこと、日本への帰国後華族女学校の教師となり、その在任中に米国のブリン・マー大学に留学したこと、その後渡英して、帰国後に女子英学塾を設立、女性の自立を促す高いレヴェルの教育を実施、卒業生の多くが英語の教師になったこと、戦後の一九四八年には、津田塾大学になったことなどである。

英国国教会の著名な女性たちの招待による梅子の英国滞在については、本書で述べたように、チェルトナム・レイディズ・コレッジのビール校長、ケンブリッジ女子高等師範学校のヒューズ校長、ヨークのマクラガン大主教、そしてナイチンゲールに会ったことが記され、また、ケンブリッジの二つの女子コレッジや当時の他の女子教育機関の見学、オックスフォードのセント・ヒルダズ・ホールで一学期間勉強をしたことなどが書かれている。

筆者は、セント・ヒルダズ・コレッジの副学長でもあったレイナー博士（Dr. Margaret Rayner）。梅子がこの『伝記事典』に加えられたことによって、彼女の英国滞在の意義は、より一層理解されるようになったであろう。

ちなみに、レイナー博士は『セント・ヒルダズ・コレッジ百年史』（*The Centenary History of St Hilda's College, Oxford*. 1993）の著者でもあり、彼女は、この『百年史』のなかでは梅子を「最初の訪問学生」（the first visiting student at St Hilda's）と記している（三八頁）。

津田梅子以外に、この権威ある『オックスフォード英国伝記事典』に加えられた日本人は誰なのか興味を感じた私は、オックスフォード出版局に問い合わせたことがある。答えは、対象人物の国籍による分類調査は行っていないということだった。そこで私の思いつく限りで英国に深く関わった何十人かの日本人の名前を調べたが、いずれもその名前を見出すことはできなかった。

コラム

オックスフォードに造られた津田梅子のメモリアル・ガーデン

津田塾大学発行の *Tsuda Today*（二〇一一年一二月一日）には、英文学科早川敦子教授による「大きく育って素敵な花を咲かせてくれますように！ Oxford大学St. Hilda's College, "The Memorial Planting in Honour of Umeko Tsuda"」というタイトルの文章が掲載されている。それを読むと、オックスフォード大学セント・ヒルダズ・コレッジのフェロウズ・ガーデン（Fellows' Garden）の一画に、一八九九年の梅子の滞在を記念してプレートが設置され、二〇一一年八月二三日には、多数の津田塾大学関係者とセント・ヒルダズ・コレッジ関係者が見守るなか、そのプレートのそばに紅梅の木を植える記念植樹式が行われたという。

そのプレートには、

In honour of Ume Tsuda,
visiting student in 1899,
pioneer in women's higher education
in Japan and founder
of Tsuda College, Tokyo

と刻まれているとのこと（本書口絵参照）。本文に記したように、日本において女子高等教育機関の設立を強く決意していた梅子が、女子英学塾創立の一年前に英国の女子高等教育の一端を体験したのがオックスフォード大学のセント・ヒルダズ・ホール（現在のセント・ヒルダズ・コレッジ）においてであった。

梅子は一八九九年一月二八日のセント・ヒルダズ・ホール到着の翌日、「ロンドン日記」に次のように書いている。

ついに私は、ここオックスフォードにいるのだ。……昨日オックスフォードに到着した時は薄暗く、私は馬車に乗ってオックスフォード駅からセント・ヒルダズ・ホールにやってきた。このホールは、建物のうしろに川が流れ、大変眺めのよい美しい場所にあった。バロウズ学長がとても温かく私を歓迎して下さり、二階の私の部屋に案内して下さった。暖炉の火が燃えて、本当に快適な心地好い部屋だ。机、衣装ダンス、洗面台、ベッドがある素敵な風通しのよい部屋だった。……さあ、これから幾つかの講義に出席し、勉強を行うのだ。私は、きっと、それを楽しむだろう。……副学長のミス・バロウズが私に大学の講義リストを見せてくれた。倫理学だけでなく英文学と語学を探し出した。……

この日から約一一〇年を経て、津田塾大学とセント・ヒルダズ・コレッジのつながりが、このように目に見える形で結晶したことは、まことに意義深い。早川氏の文章は、「来年はこの梅の木の隣に白梅も植樹される予定とのことです。この二つの大学の絆とともに、これから育っていく紅白の梅の木が咲かせてくれる花を、ずっと見守っていきたいと思います」という言葉で結ばれている。

第二章

エリザベス・P・ヒューズ

——成瀬仁蔵を助けた英国女子高等教育のパイオニア

はじめに

日本女子大学校（現在の日本女子大学の前身）の創立者成瀬仁蔵の教育を考える時、米国の女子高等教育の影響がしばしば語られる。成瀬は、三年間にわたる米国留学中に女子教育の視察や研究に力を入れ、女子高等教育の必要性を力説した彼の著書『女子教育』（一八九六〈明治二九〉年）のなかでも米国滞在中に交流をもった女子高等教育の専門家たちの名前を列挙しているから、成瀬の日本女子大学校の創立に米国の影響が多大であったことは事実である。

しかし成瀬は、日本女子大学校創立（一九〇一〈明治三四〉年）直後は、英国の女性教員を重用した。特に英文学部（当時の呼称）教授として任命したエリザベス・P・ヒューズ（Elizabeth Phillips Hughes, 1851-1925. 来校時五〇歳）は、「ケンブリッジ女子高等師範学校」（The Cambridge Training College for Women Teachers、以下CTCと記す）の初代校長を一四年間務めた女子高等教育のパイオニアであったので、彼女の豊かな経験、学生に対する深い愛情、女子高等教育推進者としての見識や信念は、日本で女子高等教育を実践し始めたばかりの成瀬（当時四二歳）にとって、大きな刺激であったと思われる。

事実、英文学部第一回生の田口たかのは、「ミス・ヒューズは英文科の先生というより、学校全体のことで成瀬先生の御相談相手だったようです」と述べているし、[1] 成瀬自身も、

此の女子の高等教育の始て唱道せらる丶ときに当り我国民が面《まのあた》り高等教育を受けたる女子の活標本を女史

日本女子大学校開校時の成瀬仁蔵
（日本女子大学成瀬記念館所蔵）

に於て見るを得たるは実に女史来朝の賜なり　其の大に本邦女子高等教育の前途に資せしや疑を容れざるなり

（成瀬「彪斯《ヒューズ》女史を送る文」一九〇二年）

とヒューズの来校を喜び、自分の著述のなかに何度も彼女の名前や彼女の考えを紹介している。

ここでは、これまで女子教育史の研究書においてすら、ほとんど語られることがなかった女子高等教育をめぐる成瀬とヒューズの交流、そしてその意義を、日本と英国両国に残された史料を重ねて検討することによって、できるだけ実証的に紹介したい。

1　ヒューズの学歴

ヒューズは、一八五一年六月二二日南ウエイルズの小さな町 Carmarthen で生まれた。父親は医師であったが、同時にウエイルズの中等学校の理事や教育委員会の議長などを務めた人で、彼女は、のちに著名なメソジストの牧師・社会改革者となった兄の Hugh Price Hughes と共に、教育熱心な家庭に育った。母親は表現力が豊かで機知に富んだ言葉があふれ出るエネルギッシュな女性であり、彼女も兄もこの母親からその才気、エネルギー、そして活発さを受け継いだと言われている。[2]

彼女はウエイルズのTauntonにあるホウプ・ハウス（Hope House）という私立の学校で中等教育を受け、さらに一八七六年（二五歳）にイングランドで最も古い女子パブリック・スクールの一つチェルトナム・レイディズ・コレッジ（Cheltenham Ladies' College）に一年間だけ籍を置いて勉強を続けた。チェルトナム・レイディズ・コレッジは中等教育機関ではあるが、この時代は、二〇代の女性が中等教育機関で勉強することは珍しくなかった。翌年この学校の教育助手となり、校長で英国女子教育の大御所ビール（Dorothea Beale）[3]の女子教育に献身する偉大な姿に接して感銘を受けている。

一八八一年（三〇歳）には、ケンブリッジ大学内に設立されて間もない女子コレッジの一つ、ニューナム・コレッジ（Newnham College）に入学して、道徳科学と歴史を学ぶ。丁度一八八一年からケンブリッジの女子学生は、現実には学士の学位は与えられなかったが[4]、男性と同じ条件で卒業試験を受けることができるようになり、ヒューズは一八八四年にthe first class in the moral sciencesという良い成績を、翌年にはthe second class in historyを獲得した。またニューナムに籍を置いたことは、新設の女子コレッジの発展のためにリーダーシップを発揮しながら活躍する有能な女性たちを知る機会にも恵まれて、彼女は在学中の一八八四年にリヴァプールで催されたエッセイ・コンテストで「女性の高等教育について」を発表して賞を獲得している。[5]

そのヒューズが英国の女子高等教育のパイオニアになったのは、どういう経緯を経てなのだろうか。

一八五一年にイングランドで行われた国勢調査によると、六万七五五一人の多種多様な女性教師が存在し、その多くが教師としての特別の訓練を求めていることが判明した。その結果、一八六四年までに女性教師を養成する公立の機関が一八校イングランドに設立されたが、それらは初等教育のための女性教師を育てることを目的としているに過ぎなかった。そこで女子教育の発展のためには、女子中等教育に専心する優秀な女性教師を育成する必要があるという声が高まり、女性の中等教育教師を育てるさまざまなタイプの機関が生まれていく（詳細は注2に記した書の一〇七頁を参照）。

そういったなかで、ケンブリッジ大学に設立された二つの女子コレッジ――前述のニューナム・コレッジとガートン・コレッジ（Girton College）――で学んだ、すなわち大学教育を受けた特別のエリート集団を、ケンブリッジという場所で女子中等教育のための優秀な教師に育てていこうという提案がバス（Frances M. Buss）[6]によってなされ、これが実現したのがＣＴＣの設立（一八八五年）であり、その初代校長に選ばれたのが三四歳のヒューズであった。ヒューズに白羽の矢が立った理由は、彼女の大学時代の優秀な成績、チェルトナムのビール校長の下で得た四年間の教育経験、仕事に対する疲れを知らぬ献身、学生を鼓舞する能力、教師を訓練することの重要性に対する信念、進取の気性、財政・行政能力、決断力などが高く買われたためと言われている。[7]

2　ケンブリッジ女子高等師範学校（ＣＴＣ）の生活

一八八五年、ヒューズは、バスや自分の母校ニューナム・コレッジの学長クラフ（Anne Clough）らの大きな期待を背負って、入学してきた一四人の若い女性たちと寝食を共にしながらＣＴＣの生活を始めた。

学校の建物は二棟から成る実に簡素な二階建てで、天井の低い狭い部屋の講義室では、時々講義を中止して部屋の空気を入れ換えなければならなかったという。

ヒューズは住み込みのハウスキーパー以外には助け手をもたず、一人で学生の教育、学生の心のケアを担っている。彼女は心理学、論理学を教え、衛生学、スピーチ、教育法、学校管理などについては外から講師を連れてきた。[8] 特に学生にとって有益だったのは、ケンブリッジ大学が提供している講義を聞くチャンスが与えられたことであった。『ケンブリッジ大学の歴史』(*A History of the University of Cambridge* by C. N. L. Brooke. Cambridge University Press, 1993) の第四巻には、CTCは、ヒューズが関わったチェルトナム・レイディズ・コレッジとケンブリッジのニューナム・コレッジをモデルにして学校づくりがなされ、学生は開学当初からケンブリッジ大学の講義を自由に聴講できた、と記されているし (四六四頁)、実際にヒューズは、ケンブリッジ大学の本物の学生になったような気分にさせるために、学生をケンブリッジが誇る著名な神学者ウエストコット (B. F. Westcott) の旧約聖書の講義に連れていったりしている。[9]

われわれに開学当初のCTCの生活や、そのなかで奮闘するヒューズの姿を生き生きと伝えてくれるのは、何と言っても『一八八〇年代のロンドンの娘』(*A London Girl of the 1880s* by Mary V. Hughes. Oxford University Press, 1943) であろう。ロンドン育ちの著者ヒューズ (校長のヒューズとは同姓であるが無関係) は、一八八五年、最初の一四人の学生の一人としてCTCに入学しヒューズの指導を受けており、この書はその思い出を記したものである。[10] それはこの学校の雰囲気を彷彿とさせるので、その一部を紹介しよう。

有能な教師になるために、女優のミス・ショーの講義を聞いた。ミス・ショーは、生徒を感動させるために、どのようにしたら教室で優雅に立っていられるかとか、重要なことを二つ話す場合、その二つの間にどのようにして効果的な間を置くかについて述べ、「もしも何か強調したいことがあったら、声を変えなさい。声を高くする必要はありません。しばしば声を低くすることの方が、ずっと効果的です。声を変化させることが必須です」と話した[11]。

ミス・ヒューズは、先生に最も必要なことは、知識を生徒に伝えることではなく、自分自身の人生に大きな関心をもつことです、と絶えず強調していた。「子供たちの考えが及ばないような大きな課題に取り組んでいる先生の姿を知ることほど、子供たちを刺激するものはありません」と[12]。

ミス・ヒューズは、学生が幅広い文化的な体験をもつことを望んでいたから、夕食時には、可能な限りお客様をお招きし話をして頂いた。彼女は、食事中に仕事の話、勉強の話をすることを禁じている。また、ケンブリッジで開かれる文化的な催し、たとえばギリシャ演劇などに出かけることを勧めた。

宗教や政治の問題も他の問題と同じように自由に討論できた。しかし、これらの問題で激しい議論を展開したことはなかったと思う。われわれは自由に自分の好む考えを取り入れた[13]。

毎週土曜日の夜には、必ずバカ騒ぎをした。その日の当番ホステスの部屋に皆で押しかけ、ココアを御馳走になるというのが習わしであった。一〇時になると、ミス・ヒューズも、われわれも、コップ、スプーン、

英国女子高等教育のパイオニアE.P.ヒューズ（日本女子大学成瀬記念館所蔵）

クッション、ちょっとした縫い物、そして皆を楽しませるもの――歌、物語、パズル、その他さまざまなものを携えて、その日のホステスの部屋へ向かった。[14]

開学して六年目の一八九一年の新学期にヒューズは学生たちに向けて、

われわれが出発した時のCTCの状況は、資金は乏しく、設備は貧弱で……CTCは果たして存続していけるのかしら……と思ったことを正直に申し上げましょう。……われわれが成功した理由の大きなものは、学生の力だったと確信しています。[15]

と書いているが、時の経過と共に、CTCの卒業生は、さまざまな中等教育機関や教師養成機関の教師として、さらには視学官としての職を得るようになり、ヒューズはそれを大変誇りにしている。そして長い間の念願でもあった立派な永住の建物も[16]一八九五年一〇月に完成し、CTCは、文字通り国の内外でその名声を高めていった。また女子教育に関する世界会議に英国の代表として出席するなど[17]ヒューズの国際的な活躍の増加と共に、彼女はCTCに米国、南アフリカ、オーストラリア、インド、日本などから留学生を迎えるようになった。一八九七（明治三〇）年、日本の女子高等師範学校（現在のお茶の水女子大学の前身）教師安井てつ（一九二三年には東京女子大学学長）は、文部省派遣留学生として渡英、三年間の留学中にCTCで学びヒューズから多大な影響を受けている。これについては、本章の末尾に記すコラム「東京女子大学学長安井てつは、ヒューズの愛弟子」を参照されたい。[18]また津田梅子も英国滞在中にヒューズと女子教育について語り合い、津田は、“She is a very inter-

現在のケンブリッジ大学ヒューズ・ホール（正面入口の上部に前身校CTCの文字を，左に1885〈CTCの開校年〉，右に1895〈この建物の建築年〉を読むことができる）（原田範行氏撮影）

esting and intelligent person, and I have gotten a great deal from her.″と書き残した[19]。

このようにヒューズは、日本の女子高等教育推進者とも関わりをもったのであるが、その関わりが強固なものに発展したのは、開学したばかりの日本女子大学校英文学部の教壇に彼女が立ったことによる。

3　ヒューズの日本女子大学校への貢献

ヒューズは一八九九年にCTCを退職し、その後CTCで教えた外国人学生を訪ねて世界を廻った。彼女は八か月に及ぶ米国滞在を経た後に、日本の土を踏んでいる。それは日本女子大学校が創立された一九〇一（明治三四）年の八月で、東京麹町の安井てつの家に滞在して約一五か月間精力的に学校視察や講演を行っている。日本におけるそうした活動のなかでも彼女が最もエネルギーを注いだのは、日本女子大学校における教育であった。『日本女子大学校四拾年史』（一九四二年）には、ヒューズは当時の三つの学部（家政学部、国文学部、英文学部）中の英文学部の教授として、*English Life* と *Poems* という二冊のテキストを使用して一年生を対象に講義を行ったと記されているが（九九頁）、後に示す彼女自身が英国に宛てた報告には、『アーサー王物語』を一週に一度学生と楽しく読んでいると具体的に書かれていて一層興味深い。

ヒューズは、開学早々の英文学部の教育内容について、さまざまな提案を行った。

次に引用する「日本女子大学校の英文学部」というタイトルの雑誌記事（『をんな』第二巻四号〈大日本女学会発行、明治三五年四月〉所収）は、ヒューズの提案を受け入れた英文学部の状況を具体的に伝えている。

日本女子大学校の英文学部には、英語に堪能なる村井教授と翻訳訳解に老練なる松浦教授の外に昨年九月に聘したるケデー夫人あり。……此程またヒューズ女史も入りて之を助けらる、こと、なりたるは前号に已に報したる処なるが、同大学にては此度英米女子大学の制度を参照し諸種の点に於て大に改善する所ありといふ。

今其要を摑めは、新に幾多の参考書を購入し、英文学部専用の自修室を設けて、セミナールとしヒューズ嬢監督の下に英語演習の道を開き、英文学の研究に欠く可からざるアーサー王物語、希臘神話及聖書を授け、又英国現時の風俗をも教へ、会話にも普通会話の外に、時事会話を加へ、文学規範とて、英文大家の詩文の精英を抜擢して、研究の料に供し、以て彼我文体の相異等を評論せしむるなど、従来諸学校慣用のものと少しく趣を異にする所あり。

又教科書もギヤスカル夫人の文集の如き、新に外国に注文せしもの少なからざる由なり。

この引用文の内容に若干の説明を加えよう。ヒューズは、英文学を理解するためには、英文学の源となっているもの、すなわちギリシャ思想、聖書、アーサー王伝説に関わる物語についての知識が必要だと述べている。その理由は、一六世紀以来、ギリシャ思想が英国（イングランド）の最高の教育を支配してきたので英文学にはギリシャ思想がみなぎっていることが多いし、また過去半世紀の間に見られる聖書の読者の急増は英文学に大きな影響を与えたので、英文学を真に理解するためには、ギリシャ思想と聖書について学ばなければならないと言う。アーサー王伝説は、西洋における騎士道の理想を表し、英国人のもつ性格の側面——冒険を愛する心、名誉を重んじる心、勇敢であること、忠誠、自制など——を強調しているので、英文学と英国人の性格を理解するためには必須の知識だとしている。

実はヒューズは『日本人学生のための英文学』（*English Literature for Japanese Students*）という書を日本で著し、それは現在の丸善の前身、丸屋善八店から出版された（一九〇二年）。この書については、その詳細を本書の第三章で紹介するが、そのなかの「⑦英文学を理解するための基礎知識」で、ここに記したギリシャ思想、聖書、アーサー王伝説に関わる物語を学ぶことの重要性を述べている。

また、同書の「⑧セミナーの開催は有益」では、英文学のセミナーを定期的に開催して、学生に自分の研究を発表させ、皆でその発表に対して批判したり討論したりする機会をもち、学生の関心や能力を大いに発展させる場をつくることを勧めており、さらに同書の「⑥文学演習室をつくる」では、英文学を学ぶ学生が個人的に勉強する特別の演習室を学内に用意し、そこに英文学の書物と関連書を、配列の仕方に細心の注意を払って並べることも提案している。御関心のある方は、是非第三章をお読み頂きたい。

こういった当時としては画期的なヒューズの提案を受け入れた校長成瀬の積極性は、成瀬がいかにヒューズに信頼を寄せていたかを物語るものであろう。

ヒューズは英文学部の学生に英語を話す機会を与え、また同時に英国の風習を学ばせるために英国風のお茶会を開くことも計画し、在日の英米の女性たちを招いて学生に英語を使っておもてなしをさせるなど、学生の教育に心を砕いている。明治三四、五年の時代には、英文学部に在籍していても、なかなか外国人と直接英語で話す機会には恵まれなかったであろうから、ヒューズの教えを受けた学生は何と幸運であったことか。このことについては、本章の末尾に記すコラム「ヒューズのお茶会……主賓は津田梅子」と、後に示すヒューズの成瀬宛書簡④を参照されたい。

ヒューズは成瀬の女子教育についての考えにも多くの刺激を与えたようだ。日本女子大学校創立委員で開学後は評議員、そして三代目の校長にもなった実業界の重鎮渋沢栄一が、

女子教育は如何なる考をもつて行くべきかは私共（成瀬と渋沢）の始終問題となつた事でありますが、或る時英人ミスヒユーズ氏から、彼の国に於ける教育の状態を聞き、必ず其処迄進めたいと私も考へました。[20]

と成瀬を追悼する文章のなかで記していることからも、それは窺える。

実際、成瀬は著述のなかにヒューズの名前や彼女の考えを何度か書いており、たとえば成瀬の代表作の一つ『女子教育改善意見』（一九一八〈大正七〉年）においては、ヒューズの名前が四回登場し、ヒューズの家政学についての考え、すなわち家政学は家庭建設の専門学であり、家政の技術は他の多くの技術を総合して成り立ち、

生活を豊かにして賃銀の価値を高め、国家の富力に大きな影響を与えるので教育的価値が高い、という説を紹介している。また同書のなかで成瀬は、男女の能力、人格には差がないこと、女性は男性と同様に幾つになっても進歩発展する可能力を有し、その権利があると述べ、それは私見ではなく、ヒューズも同一の意見を発表している、とここでもヒューズの名前を記した。成瀬がその著述のなかで、どのようにヒューズを取り上げているかについては、本章の末尾に記すコラム「成瀬仁蔵の著述に現れたヒューズ」を参照されたい。

また、前述のヒューズの著書『日本人学生のための英文学』からも成瀬は、多くのインスピレイションを得たようだ。この書は現在成瀬の蔵書の一冊として日本女子大学成瀬記念館に保存されているが、それをひもとくと成瀬の手による多くのアンダーラインや書き込みが見出され、成瀬がいかにこの書を精読したかがわかる。これについても本書第三章で紹介したい。

4　ヒューズ、女子教育を語る

(1) 高等教育は可能か

ヒューズは、滞日中にさまざまなテーマで講演を行っている。ここでは、彼女の二つの講演を紹介したい。まず最初は、一九〇一(明治三四)年九月二八日、すなわち来日一か月後に日本女子大学校で行った講演で、タイトルは不明だが、自らの体験を語ったようだ。『婦女新聞』(七四、七五号、一九〇一年)に掲載されたその要約の文章をまとめてみよう。

ヒューズがケンブリッジ大学の女子コレッジに入学した頃は、女性が高等教育を受けるという問題については、激しい批判の声が多かった。その第一の理由は、女性の体は厳しい勉強に耐えられるものではないということだ。そこでヒューズたちケンブリッジ大学に学ぶ女子学生たちは、食事に気をつけスポーツにも励み、強い体をつくることに絶えず努力したところ、高等教育を受けていない女性よりも頑健な体の持ち主となっていったのである。それと共に、厳しい勉強には向かないという声は消えていった。

二番目の理由は、女性の知力は男性よりも劣るというものだ。この批判を打ち消すためには、男性と学力の点で競争すればよい。しかしケンブリッジ大学は、もともと男性のために創立された大学であったし、男性と女性は、入学前に受けた教育にも大きな差があったので、この競争は並大抵のことではなかった。だが、熱意こそ大きな力である。大学の試験結果を見ると、女性の方が男性よりも高い点数を獲得するケースが多くなっていった。

これらにより、女性には体力がない、勇気がない、理想がないとか、知力の点で先天的に男性に及ばない、といった非難、批判は少なくなった。

一八八五年、充実した女子教育を求める声が高まるなか、ケンブリッジ女子高等師範学校（ＣＴＣ）が創立されることになった。この学校は、中等教育に関わる優秀な女性教員を育てていくことを目標としており、ヒューズはその初代校長に選ばれた。彼女は、以後一四年間、全エネルギー、そして自分の財産も捧げて校長としての仕事に没頭した。特に一人一人の学生の個性、体力、好みを観察して、それぞれの学生にふさわしい教育、訓練を行っていったのである。

毎週一回、学生と茶話会を開いて学生と心の交流をもったが、ヒューズにとっては、この会は学生一人一人の個性を観察する良い機会であり、それぞれの学生に、どのような教育を与えるべきかを考える準備の時間ともなった。

日曜日には、新刊書籍や新刊雑誌に目を通して、学生が読むべき書物や雑誌の記事を選び出し、それらを学生に伝えることも行っており、まさに休む暇もないほど働き続けた。

以上が『婦女新聞』に要約されたヒューズの講演のまとめである。この記事の最後には筆者は不明だが、「余は女史が、其帰国の土産とすべき日本女子教育談の外、女史自身の健康をも此国に得て帰られんことを切望す」とあり、ヒューズの驚くべきエネルギー、勤勉さが彼女の健康を害することにつながらないようにと願う言葉が見られる。

英国の教育の中心は個人教育であり、個人指導を指すオックスフォード大学のテュトーリアル（tutorial）、ケンブリッジ大学のスーパヴィジョン（supervision）は、それぞれの大学の中核となる重要な教育システムである。ヒューズのこの講演の要約を読むと、彼女が個人教育、個人指導を誇っていることがよくわかる。実際ＣＴＣに留学してヒューズの指導を受けた前述の安井てつはヒューズについて、

其親切にて学文ひろきには実にかん服致し候、今まで一年間随分多くの人にも出会ひ申候ひしが、知徳そなはりてしかも愉快なる親切なるかゝる校長の如きは未だ見ざる処、其人をへだてず、人によりて適宜に教育し、其の勉強の方針をさだむるは実にかん心の外無之候……

とヒューズの個人指導のうまさを記している。(21)

(2) 九つの視点

二つ目の講演は、ヒューズ来日後一か月半を経た一九〇一(明治三四)年一〇月一二日に、帝国教育会が主催して東京で行われたものである。[22] ちなみに帝国教育会とは、大日本教育会を母体に一八九六(明治二九)年に組織された全国的な教育者団体で、のちに日本教育会と改称し、一九四八年まで存続。

講演のテーマは「英国人の立場より見たる女子教育」。ヒューズは、まず、日本も英国も島国で似た点が多く、それは単に地理上の問題だけでなく、両国には、昔からの風俗、言い伝え、そして古い文学、古い建築物が存在する。また、何代にもわたる家族が何百年も同じ場所に住んでいること、強い愛国心が世襲の君主(天皇と国王)に注がれることなど共通点が多い、と述べる。

そして、女子教育の問題を九つの視点から話す。その九つの視点を要約しよう。

一、女子教育は女子に関する問題だけではなく、男子にも大いに関係する問題。人間は環境に支配される。人間の最初の環境は家庭であり、家庭の中心は母親であるから、女性に進歩の機会が与えられなければ、一国の文明・進化は妨害される。

二、女子のための理想的な教育を、男性が行うことは不可能である。高等女学校程度の教育においては、世界中で一番進んでいるのは英国であろう。しかもその学校の女性の校長たちは、女子生徒のロール・モデルになっているのだ。

三、女子教育がどうあるべきかという問題は、今日でもまだ確定していない。世界で女子教育が最も進んでいるのは、英国と米国である。英国の女子教育は五〇年くらい前から始まったが、理論的に開始したわけではない。男子の教育を土台にしてという考えもあったが、女子教育と男子教育は別にするという動きが起こってきた。しかし、この問題は英国ではまだ定まっていない。

米国の女子教育は、最初から男子と一緒に同じ教育をするという形をとり、英国とは異なっている。だが、米国でも、これに反対という考えもあって、女子教育がどうあるべきかは、確定していない。

四、女子教育には、家庭を如何にしてつくるかという問題が含まれなければならない。家庭を重要視している国は、英国、日本、そして仏国であり、家庭内の仕事は昔より高尚な仕事が多くなっている。家庭は社会に対して影響を与えるので、そのことを考慮して、女子教育における家庭づくりの問題を考えなければならぬ。

五、女子教育は、その女性が将来就くであろう職業に対して準備するものでなければならない。社会の進歩と共に、女性は学校の校長になったり、工場長になったりするのだから。

六、女子教育は体育を重視したものでなければならぬ。体育は、女子の精神にも影響を与える。今日、最も良い体育法は、瑞西《スイス》国で行われている体育法であろう。

七、学校のなかだけで行われる女子教育は不十分である。それは、女子を障がい者にするようなものと言えよう。女子が学校の外の社会から大いに学んだり感化を受けることができるよう、環境の良い社会のなかに女子を入れる必要があることを考えよ。

八、女子教育においては、これまでの男子教育のなかで見出された欠点を繰り返さないことが重要。英国の例を挙げると、ギリシャ語・ラテン語の書物を読ませるとか、中世から伝わっている習慣に従わせるなど……。日本の女子教育にも、昔風の悪い習慣が残っているようだ。

九、国民の半分である女子の教育が重要であることを、肝に銘じなければならない。しかし、日本では、男子教育の進歩が素晴らしいので、女子教育は劣ってしまったように見える。

ヒューズは、この講演の最後に、聴衆の女性たちに、教育は貰うものではなく勝ちとるものであり、忍耐と努力という代価を払わなければ手にすることはできないと話し、男性たちには、男性は政治・経済・教育における権力を握っているのであるから、女性のために力を貸してほしいと述べる。英国では、四〇年という長い年月を経て女子教育に革命がもたらされた。日本の女性が身体・精神・知力において進歩し、国家のために、社会のために、家庭のために貢献できるようになることを願っている、と語って講演を終えている。

ヒューズがこの講演を行ったのは、今から一〇〇年以上前である。しかし、彼女の主張は、現在のわれわれにも新鮮に響く面をもっている。ましてや、明治時代の民法の下で家父長的家制度が確立し、女性は無能力者と定められていた時代には、このヒューズの主張はまさに革命的なものであったろう。

ヒューズは一五か月間の滞日中に、九州から北海道まで全国を歩いて講演や教育視察を行っており、それは、大野延胤の綿密なる調査「E. P. Hughes in Japan（1901-1902）」（『学習院大学文学部研究年報』第三六輯〈一九九〇年〉所収）のなかに列挙されている。また、彼女の講演や寄稿文もその要約や翻訳が『英国の風俗』（知新館、一九〇二年）や、当時の雑誌『をんな』『女鑑』『教育公報』『婦女新聞』などに見出せる。

大野の貴重なる調査を数えると彼女の日本における講演数は三五回、幼稚園から大学、そして職業学校までをも含めた学校視察は六二か所に及び、その他、東京鍛冶橋の監獄や、九州の小倉、足立村の炭鉱とそこで働く労働者の生活の視察なども行っており、彼女の日本を知ろうという並々ならぬ熱意、エネルギーには圧倒される。また四八歳の時にマッターホルンに登ったという登山好きのヒューズは、日本でも富士山や信州浅間山登山を、安井てつと共に楽しむことを忘れてはいない。

なお大野の記述によれば、ヒューズは英国政府からの紹介状をもって来日しており、日本の文部省は、それを受けて大島視学官と野田義夫をヒューズの学校視察の案内役としたとのことである。(23)

5　ヒューズの成瀬宛書簡

ここで、現在日本女子大学成瀬記念館（本書第三章注2を参照）が所蔵しているヒューズが校長成瀬宛に書いた英文の書簡九通の主たる部分を拙訳し、ヒューズの活動の一端を垣間見よう。

①一九〇一年一一月五日（麹町区平河町六丁目二二番地にて）
「……次の土曜日の二時に先生にお会いすることになっていますが、お会いする場所の大隈伯爵邸の住所を書いてお送り頂きたく、お願いします。……」

②一九〇一年一一月六日（麹町区平河町六丁目二二番地にて）
「火曜日は、私にとっても好都合です。時間は、同じように二時とおっしゃっていらっしゃるのでしょうね。大隈伯爵邸の現住所と時間を火曜日にお教え下さい。大隈氏に尋ねたいことがたくさんあります」

③水曜日の朝（日付と発信地不明）

「私は、たった今、東京に帰ってきたところですが、先生のお手紙が私を待っていました。もちろん、先生が開催なさるレセプションに、私は喜んで出席させて頂きますし、できるだけお手伝いもさせて頂くでしょう。……明日先生にお目にかかり、先生の御計画を伺いたく存じます」

④日曜日の午後（日付と発信地不明）

「……私は、英文学部の学生たちにできるだけ英語を話す機会を多く与えたいと熱望しています。そこで、今度の土曜日の午後三時から五時まで、私は学校で英国風のお茶会を開きたいと思っていますが、先生は賛成して下さいますか。何人かの英国婦人と米国婦人をお招きし、英文学部の学生たちに、そのおもてなしを手伝ってもらおうと考えています。もちろん、英文学部の先生方もお招き致します。そして、先生と麻生先生の御光来を期待しています。この案に御賛成頂けるなら、大至急お返事を下さい。私は直ちに招待状を出したいと思います。……今朝は、すべてのことがうまくいって御満足でいらしたことでしょう。私もあの席にいて、大変嬉しく思いました」

⑤火曜日の夕方（日付と発信地不明）

「……もちろん、私たちは、われわれのささやかな英国風パーティを延期致しましょう。来週か再来週に致したいと思います。その日は、外国人の多くが鍋島侯爵夫人のパーティに行くことになっており、そのために、私の友人の多くも女子大学校には来られないでしょうから、延期は思いもかけず好都合です。

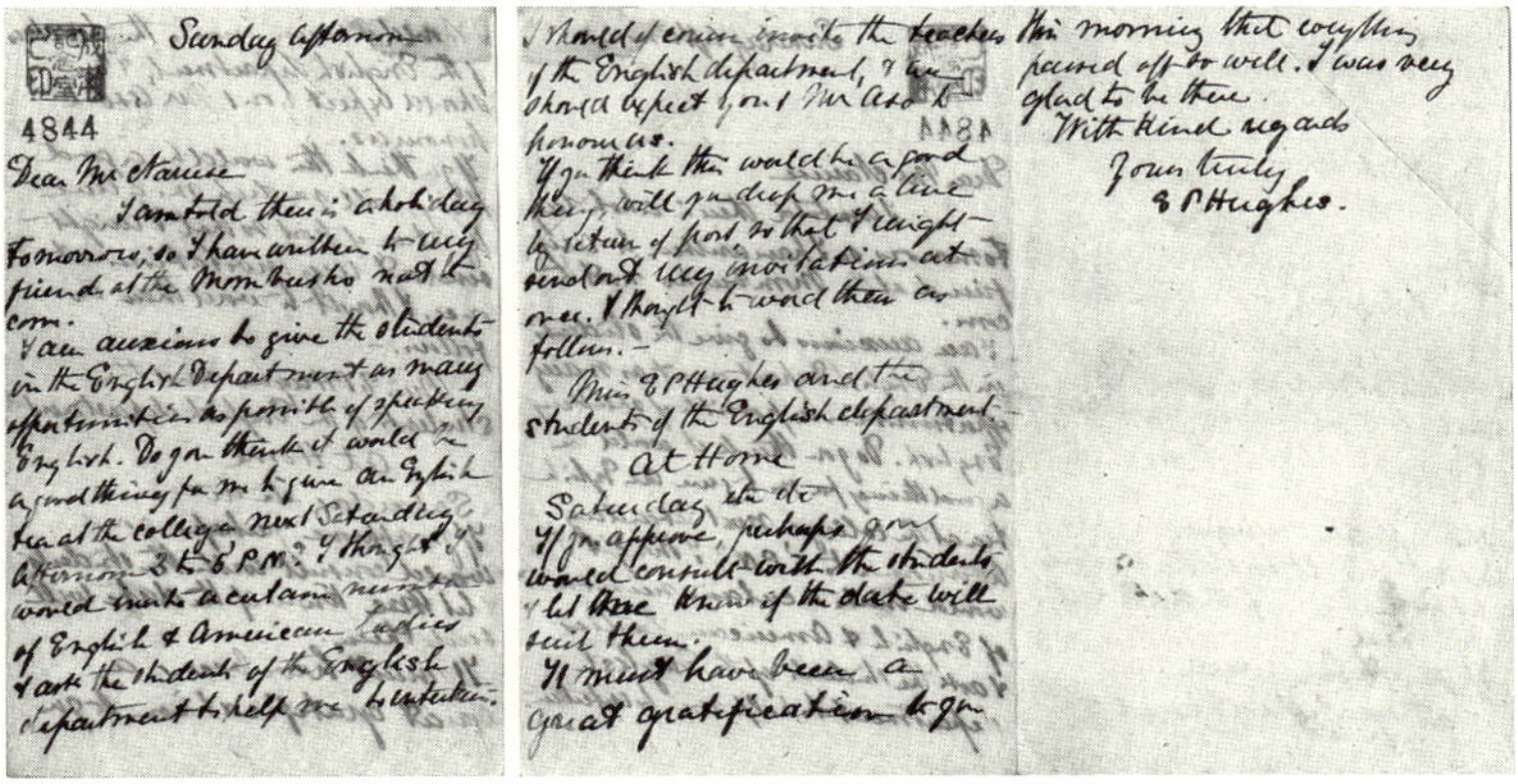
Sunday afternoon

4844

Dear Mr Naruse

I am told there is a holiday tomorrow, so I have written to my friend at the Mombusho not to come.

I am anxious to give the students in the English Department as many opportunities as possible of speaking English. Do you think it would be a good thing for me to give an English tea at the college next Saturday afternoon 3 to 6 P.M.? I thought I would invite a certain number of English & American ladies & ask the students of the English department to help me to entertain.

I should of course invite the teachers of the English department, & we should expect you & Mr Aso to honour us.

If you think this would be a good thing, will you drop me a line by return of post so that I might send out my invitations at once. I thought to word them as follows.—

Miss E P Hughes and the students of the English department

at Home

Saturday the

If you approve, perhaps you would consult with the students & let them know if the date will suit them.

It must have been a great gratification to you this morning that everything passed off so well. I was very glad to be there.

With kind regards

Yours truly

E P Hughes

お茶会開催許可を求めるヒューズの成瀬宛書簡（書簡④，コラム参照）
（日本女子大学成瀬記念館所蔵）

この女子大学校に対して、一部の人たちが明らかに反感を抱いていることを、私は痛感しています。その大部分は実情を知らないからだと確信していますので、大勢の人たちを招いて、彼らに、自分の眼でこの学校を見て頂きたいと願っているのです。……」

⑥一九〇二年九月一一日

〔ミス・ライト雇用についての金銭上の契約を記したもの。紹介省略〕

⑦一九〇二年九月二七日（麹町区下二番町二六にて）

「あなたが私についておっしゃって下さった数々のお言葉、そしてお贈り下さいました美しいプレゼントに対して、私は感謝の気持ちを述べるのに適切な言葉を見出すことができないと本当に感じています。この学校でいろいろお役に立ちたいと思っていましたが、少しのことしかできませんでした。しかし、将来は、私という成り立ての名誉教授[24]が、あなたが始められたこの偉大な仕事を少しでもお助けする機会をたくさんもてるようにと願っています。

ミス・ライトが多くの人たちに深い感銘を与えたことは、私にとりまして大きな喜びでした。彼女は、すでに学生たちに、とても愛着を感じているように見えます。近い将来、洋式の寮が、そして、おそらく新しい図書館もできて、この学校は、順風満帆で進んでいき、日本の社会は、ますます、この学校の存在価値を信ずるでしょう。

どうぞ、女子大学校の講堂（本書口絵の写真を参照）と英文学部の学生たちの写真をお忘れなきようお願い致します。私は、それらを是非頂きたいのです」

⑧一九〇五年八月一四日（Penrheol, Barry, South Wales にて）

「当然ながら、私は女子大学校の発展を考えて、当地にいらした麻生先生のためにできることを喜んで致しました。彼が、当地における見聞のすべてをどれだけ理解したのかはわかりませんが、疑いもなく彼は、将来役に立つことをたくさん手にしました。幸運の女神が女子大学校に対して微笑んでいて、困難な時でさえもお金が豊かに入ってくるようで、私はとても喜んでいます。……ミス・フィリップス[25]が今でも女子大学校で教えていて大変うまくやっていると聞き、嬉しいです。……あなたは、英文学部のために『デイリィ・メイル』という外国向けの新聞をおとりになるとよいと思います。……英文学部の先生方は、それを使って毎週講義ができます。そしてそれは、学生たちが「世界市民」となるのに役立つでしょう。私は日本にいた時、女性たちの話題の安易さに驚いたのです。……あなたの学校から良い先生を二年間イングランドへ送り出すために、お金を使うことはできませんか。私は、できる限りのことをして、その人を助けたいと思います。ただし、その人は、英語を読み、話し、書くことができなければなりません。……イングランドは、家庭衛生学において最高の水準を維持していますし、そのような方向に向かって発展していると思います。そして、この分野における優れた学校やコレッジをもっています。……英文学部と成瀬先生に対して、また、昔、私の同僚だった方たちに対して深い敬意を表します。愛する女子大学校の大きな御成功を心からお祈り申し上げます」

⑨一九一三年一月一六日（Penrheol, Barry, South Wales にて）
〔フランス、パリの Hotel International に滞在していた成瀬に宛てられたもので、帰一協会《きいつきょうかい》の創設に関するもの。紹介省略〕

これら九通の書簡に目を通しただけでも、ヒューズの、日本女子大学校とその学生に対する深い愛情、期待、そして彼女自身の女子教育者としての見識、自信を感じとることができる。⑦と⑧の書簡について付言すると、⑦は、ヒューズのために開催された送別会に対するお礼状と思われる。その送別会については後述する。⑧は、日本女子大学校学監麻生正蔵が一九〇四年から五年にかけて欧米の女子教育視察に出かけ、ヒューズの世話になった時の旅行に関わるものと思われる。また④のお茶会については、本書の末尾に記すコラム「ヒューズのお茶会……主賓は津田梅子」を参照されたい。

6　ヒューズの英国への報告

ヒューズは、日本女子大学校における経験をどのように英国へ書き送ったのであろうか。

すでに記した女子の名門パブリック・スクール、チェルトナム・レイディズ・コレッジが発行する校誌には、次のようなヒューズの文章が掲載されている。

日本の女性に英文学を教えることは、とても不思議な、そして興味深い経験です。彼女たちは、すごく熱心で、すべてが彼女たちにとって大変新鮮なのです。私にとっては、新しい発見の連続です。……一九〇二年四月(26)

さらに、「昔教えた私の学生たちへ（To my old students）」という題がつけられたCTCの卒業生たちに宛てた報告の一部も紹介しよう。日本女子大学成瀬記念館は、この報告の手書きの写しを所蔵しており、これは、CTCの卒業生たちが発行する *Leaflets* に対する寄稿と思われる。

皆さんたちにCTCで最後のお別れをした時、私が次に教える学生はどんな人たちになるのかしら、と思いましたが、黒い髪の東洋人だなんて考えてもみませんでした。

先学期は、東京の（男子）高等師範学校で講義をするように頼まれました。この申し出は、ケルト人たる私の想像力をかき立て、ケンブリッジのCTCとは随分違うだろうな、と思い承諾しました。それは、私にとってまったく新しい経験でしたし、また学生にとってもすごく新しい経験だったのです——女性に教えてもらうのですから！　もちろん私には通訳がつきました。彼は外国には行ったことがないそうですが、喜んで英語を話す明るい日本人です。しかし、その通訳は、喜びをもたらすものではありませんでした。

今学期は、上級の学生を受けもっています。この学生たちは、将来英語を教えようという人たちで、私の英語を理解できます。私たちは、CTC方式で討論し、反論し、論争するようになり、私は、この仕事がとても面白くなってきました。彼らの知識欲はとても旺盛で、さまざまな情報を集めて「英語の発音」を練習するその熱意は、私たち西洋人にとっては教えられるところ大です。

私は女子高等師範学校でも講義をしており、そこでは、幸運なことに、かつてCTCで学んだミス・ヤスイが通訳をしてくれます。

しかしながら、私の主要なる仕事の場所は、極東地域における最初の新しい女子大学校です。この学校は、今、かなり攻撃の的になっていますが、私は少しでもお手伝いできるチャンスが与えられて大変喜んでいます。この学校は、有力な支持者たちをもっており、将来は疑いもなく優れた仕事をするでしょう。そして、すでに全国から四〇〇人の学生を入学させています。

私が特に責任をもたされている英文学部には、三九人の学生がいます。私はこの学校で週二日間、一日に四時間ずつ講義をしています。私たちは、英文学や英語の勉強を皆で合同で行い、大変楽しい時を過ごします。私たちが一週に一度アーサー王の物語の勉強に専心しているということを聞いたら、ケルト人のCTCの卒業生は、喜ぶでしょう。この話は日本の昔話にいろいろな点で似ているので、学生は楽に理解してくれます。

私は、今学期はこれら三つの学校で教えています。日本の状況や日本人のものの見方を理解するには、この三つの学校で教えることが他の何よりも役立つと思ったからです。私は、日本では、やらなければならないことがたくさんあるのに気づきました。詰め込み教育、暗記主義という古い中国の伝統が、多くの学校を支配しています。新しい教育方法は、日本にはまだ入ってきていません。どこでも人びとは向学心旺盛で、指導を受けたがっています。外国人からも、そして女性からも。また、ケム川（ケンブリッジを流れる川…白井注）の岸辺にいた時と同じように、ここにもたくさんの「女子高等教育に反対する人たち」がいることがわかりました。こういう人たちに対しては、激しい情熱とケルト人のエネルギーをもって闘わなければなりません。……一九〇二年五月

7　盛大なヒューズのサヨナラ・パーティと「彪斯女史《ヒューズ》を送る文」

ヒューズは約一五か月間日本に滞在し、一九〇二年一一月二一日に、次の滞在地、清国へ向かうべく門司港を出発している。(27) その離日にあたって、同年九月二七日に日本女子大学校において盛大なる送別会が行われた。その状況を詳しく報じた *The Japan Times*（一九〇二年九月三〇日）の切り抜きが成瀬のスクラップ・ブック（成瀬記念館所蔵）のなかに見出せるので、それを要約して紹介しよう。

出席者は、菊池大麓《だいろく》文部大臣、大隈重信日本女子大学校創立委員会委員長、岡部長職《ながもと》元東京府知事・日本女子大学校創立委員、神田乃武《ないぶ》学習院教授（英語学）、辻新次帝国教育会会長・日本女子大学校創立委員、森村市左衛門日本女子大学校創立発起人などと、その夫人たち、数多くの外国人夫妻、そして「ハカマ」姿の学生たちなどで、*The Japan Times* は、「その光景は絵のようだった」と記している。

最初に登壇した成瀬は、ヒューズと日本女子大学校の関係について語り、開学したばかりの日本女子大学校で

ヒューズは女子高等教育における長年の経験、技術、能力を発揮して下さった、と並々ならぬ謝意を表明した。

次に話したのは大隈で、彼は自分は英国風女子教育の称賛者であり、英国の思想と文化が日本の女子教育に活用される道が開けたことを喜んでいると述べ、ヒューズは女子教育においては英文学の勉強が非常に意味をもつことを日本人一般に教えてくれた、と感謝した。そして、日英同盟は日英の女性の交流を進展させ、この女性の同盟は極東地域においても有益であると結論を述べた。(28)

また菊池文部大臣は、ヒューズは英語を効果的に教える方法と英国の文化を取り入れる問題について日本の一般国民の目を覚まさせたと述べ、さらに、ヒューズが帰国後、英国政府に日本の教育状況についてどのような報告をするのか深い関心を寄せている、と期待した。

これに対するヒューズのスピーチを要約すると、彼女は、日本に到着した時には、日本に「サヨナラ」を言うことがこんなにも辛いことだとは考えてもみなかったと述べ、日本における最も興味深い経験の一つは、日本の学生を教えたことであり、学生たちがヒューズからどの程度学んだかはわからないが、ヒューズは日本の習慣や思想について、学生たちから多くを学んだと語る。そして彼女は、成瀬がヒューズに日本女子大学校における教育の機会を与えて下さったことを感謝するのだった。また彼女は、ケンブリッジの女子コレッジに在籍していた昔、「一生懸命勉強しなさい。それは、貴女方自身のためだけではなく、英国の全女性のために意味をもつからです」と言われたことを思い出して、「一生懸命勉強をして下さい。この学校から与えられる恩恵は、皆様方だけのものではなく、日本女性全体、そして極東地域の全女性に役立つものだからです」と教職員、並びに学生たちに語った。

そして最後に彼女は、日本女子大学校に二つの助言を与える。

一、昔から日本にある良い慣習を保ち続けて下さい。そして西洋にだけある良いものを取り入れて、自分たちのものにして下さい。東洋と西洋が理解し合うのは難しいが不可能ではない。将来は、世界は一つになり、東洋と西洋の溝は埋められるでしょう。実際、日本と英国は日英同盟を結び、政治的な平等を手にしました。

二、人種の違いを克服しうるものは、信頼と信用であって、疑いは害であることを知って下さい。

そうすれば、自分が深い関心を寄せ、また日本と極東地域に多大な影響を与えると信じる日本女子大学校が次の二点で有名になるであろうと、ヒューズは述べる。

一、古き良きものと新しき良きものに献身する学校として。

二、東洋と西洋が信頼と信用をもって手をとり合う場所として。

日本女子大学成瀬記念館には、日本女子大学校を去るヒューズのために成瀬が書いた「彪斯《ヒューズ》女史を送る文」が残されている。これは、このサヨナラ・パーティで読み上げられたものと思われるが、ヒューズとの別れを惜しむ成瀬の気持ちがあふれ出ているので全文を紹介しよう。

「彪斯女史を送る文」（本書口絵の写真を参照）

女子大学の事業や啻《ただ》に本邦最初のものたるのみならす実に又東洋未曽有《みぞう》のものたり　前に先蹤《せんしょう》の拠るべきなく後に新例を開くの重任あり　此重任を負へる我日本女子大学校が僅《わずか》に創業の端を開きしは正に昨明治三

十四年にあり

数十年の昔大ブリテン国に於て女子の高等教育に対する批難の声の恰《あたか》も我国の今日に於けるか如く朝野の間に囂々《ごうごう》たりし時に於て舌を爛《ただ》らし筆を禿《とく》にして縦横其妄を弁し終に凱歌《がいか》を奏するに至りし者は女史なり此の経験ある女史が始て本邦に来られしは又昨明治三十四年なりとす

我が校は前途の大成を思ふの余り正に女史の如き経験を有する教育家を求むること極て切に女史も亦教育に熱心なるよりして我が校の如く此の東洋の将来の女子教育に重任を有する学校に関して一臂《いっぴ》の力を貸さんとするやハ極て切なり　而《しこう》して我か校の開かるゝや早からす女史の来らるゝや遅からす　嗚呼これ千歳稀有《せんざいけう》の奇遇にあらすして何そや

女史の本邦にあるや敏活なる頭脳と精緻なる眼識を以て公私の学校を巡視し都鄙《とひ》の教育を観察し批評を加ふれハ着々肯綮《こうけい》に中《あた》り意見を吐けは明快竹を割るか如く教鞭を揮へハ衆生悦服し満場敬聴す　茲《ここ》に於てか女史の名声須臾《しゅゆ》にして全国に嘖々《さくさく》たり

此の女子の高等教育の始て唱道せらるゝときに当り我国民が面《まのあた》り高等教育を受けたる女子の活標本を女史に於て見るを得たるは実に女史来朝の賜なり　其の大に本邦女子高等教育の前途に資せしや疑を容れざるなり

殊に女史は此高名と重望とを以て我校に臨み鋭意精励実地授業に当れる外大学部の組織に於て後任教授の推薦に於て種々力を尽されし所已に少なからす　女史は不日帰国の途に就かれんとし我等転《うた》た惜別の情に堪江ざるも尚今後も本校の名誉教授として直接に間接に大ニ尽瘁《じんすい》せらるゝ約あり

女史の体は夫の東半球の西端に近き英国にあらんも女史の心は此の東洋の英国にあるや疑を容れす　我等

は女史が天祐の下に幾久しく健強にして本邦教育の為殊に我か校の為に尽くさる丶ことの愈々《いよいよ》多からんことを熱望して止まさるなり　嗚呼政治上の日英同盟は已に政治家の手に成りぬ　教育上の日英同盟は正に女史の手に成らん哉（ルビは白井による）

この盛大なサヨナラ・パーティのスピーチのなかで「日英同盟 The Anglo-Japanese Alliance」という言葉をもち出しているのは、成瀬だけではない。大隈も、そしてヒューズ自身も、これに触れている。日英同盟はロシアの極東進出政策に対抗するために日本と英国の間に一九〇二（明治三五）年一月三〇日に結ばれた軍事同盟で、この締結はヒューズの来日中の出来事であった。ヒューズの来日を考える時には、この歴史的事実を認識しておくことが必要であろう。

8　心は東洋の英国、日本にあり

成瀬が「彪斯女史を送る文」のなかで願ったように、ヒューズの心は、日本を去ったあとも日本女子大学校を離れることはなかった。

（1）女性・愛国心・経済的自立

ヒューズは離日後、支那（当時の呼称）、マレー半島、ジャワなどを訪れ、ジャワから一九〇三（明治三六）年一月二七日付で英文学部学生に長文の書簡を送っている。その翻訳文が、「英文学部生徒に送る書」として『日本女子大学校学報』第一号（一九〇三年七月）に掲載されているので簡単に紹介しよう。

まず彼女は、日本が東洋の独立国の一つとして西洋の文物を一生懸命取り入れようとしているのに対し、支那は独立国ではあるが、西洋の思想の採用には躊躇していると記す。そして、支那の上流階級の女性に日本女子大学校の話をしたら大変羨ましがっていたと書き、日本女子大学校の学生、特に英文学部の学生は、支那の女性のために力を尽くすようにと切望する。図書室にも支那や支那の女性たちについて書かれた英書を置くことを勧め、学生たちが自分たちのためだけでなく、東洋の、特に極東の女性たちの存在をも視野に入れて勉強に励むようにと忠告している。

ヒューズは、支那の次に訪れた英国の植民地マレー半島については欧米の文物を入れることにあくせくしていると書き、王様が提供してくれた象の背中に乗って、大蛇が蠢き蚊が耳もとでぶんぶん唸るマレーのジャングルのなかを歩いたスリルを記して、読む者を驚かせる。

ジャワに関しては、オランダに支配されていて、いわゆる西洋思想の注入はなされていないと述べ、幾世紀にもわたる王の圧政のために人民は堕落し、消沈していて、学校に通う女の子は皆無に等しいと書いた。そして書簡の最後に、成瀬先生によろしくと記し、皆で懸命に励みましょうね、と学生に呼びかけている。

ヒューズが長い旅を終えて英国に帰った年の翌年、すなわち一九〇四（明治三七）年二月、日本はロシアに対して宣戦を布告し、日露戦争が始まった。この戦いにおいて日本は、多大な犠牲を払いながらも勝利している（一九〇五年九月に講和）。

この戦争中にヒューズは二度にわたって同盟国日本の日本女子大学校に小論を送っており、それらの翻訳文が日本女子大学校の同窓会である桜楓会が発行する『家庭週報』に掲載されているので、それを、ここに要約しよう。

最初の小論のタイトルは「日本における愛国心の養成」で、訳文を掲載した『家庭週報』（一九〇四年一一月一二日）の解説によれば、これはヒューズが英国の某紙に寄稿した文章とのこと。

日本のことを知らない人には、長い間鎖国をし封建制度の国であった日本が、日露戦争で最新の武器や最新の戦術を行使しているのは驚きであろう。しかし日本をよく知る者は驚かない。われわれの同盟国日本には、武器や戦術の問題ではなく、他の国には見られない愛国心をもつ人たちがとても多いのだ。彼らの愛国心は、やむをえなければ国のために身を投げるほどの精神であり、男も女も、皇族も農民も、いや小さな子供すらもこれをもち、それを国民の義務だと思っている。

どうして日本人は、これほどまでに強い愛国心をもつのであろうか。

まず第一に、彼らは、政治的に見た時に最も価値あるものは愛国心であると思っているからだ。

二番目は、彼らは歴史を大切にしているからだ。愛国心の基礎は歴史である。

日本人は、小さい時から歴史上の英雄の偉大さを聞かされ、史的記念日には、学校や寺で偉大な愛国者の例を教えられ、美術や文学においても愛国者は称えられる。学校では宗教教育は行われないが、修身の時間に愛国心こそ国民の義務だと教えられる。

愛国心があっても、その愛国心には、忍耐や自制心が伴わなければ意味をもたない。日本人は、この忍耐、自制という徳を特別にもっている国民だ。日本の青年は、国のためならば自分の生命を犠牲にしても、恐怖や苦痛に耐える。

米国人の愛国心は、侵略的要素があって他国の反感を買うが、日本人の愛国心は、外へ向けて発揮するよりも、国のために尽くすことなのだ。

こういった日本人のもつ愛国心から、われわれ英国人は大いに学ぶべきではないだろうか。

二つ目の小論のタイトルは「日露戦争と日本人の発達」で、『家庭週報』（一九〇五年五月六日）に掲載された翻訳文の要約は次のとおり。

日本人を知る者の誰もが、この日露戦争における日本の勝利を疑わないであろうが、日本女性は、日本の勝利のあとに、自分たちがいかなる影響を受けることになるのかを真剣に見通さなければいけない。

おそらく大きな戦いのあとには、未婚の女性がたくさん増えるであろう。未婚の女性は国家にとって厄介な存在となる。それゆえ、女性に対して独立・自活の道を与えることが重要。日本人は手先が器用であるから、美術品、手工品をつくる道を女性に与えよ。女性は智を磨き、富の生産者たれ。女性よ！　経済的に自立せよ。

戦争の終了後、日本女性は社会のなかで学を修め、あらゆることに関心をもち、社会を楽しむ実力をもつべき。これは、日本女性の重要な目的であるべきなのだ。

ヒューズがこの二つ目のペイパーを書いている時には、日露戦争は終了していない。しかし彼女は、日本の勝利を予言し、戦争が女性にもたらす苦悩に対して日本女性が備えるよう警告する。こういった彼女の発言、そしてまた前述の「英文学部生徒に送る書」のなかで書いた「東洋の、特に極東の女性たちの存在を視野に入れて勉強に励むように」という忠告などは、ヒューズのもつ国際的な視野、戦後状況に対する鋭い観察力、さらには女性に対する深い配慮を感じさせるものである。別の見方をすれば、それは、多くの戦いを経験した、世界に冠たる大英帝国の気概を示す言葉でもあったろう。

（2）日本女子大学校の教育者たちを接待

離日後のヒューズは、ここに紹介した書簡や小論を日本女子大学校に送るという形で日本、特に日本女性に思いを寄せただけではなかった。彼女は、ヨーロッパを訪れた日本女子大学校の教員（成瀬仁蔵校長、麻生正蔵学監、井上秀教授）をも手厚くもてなしている。

年代順に記すと、麻生は一九〇四（明治三七）年から欧米の教育視察に出かけ、英国ではヒューズの世話になっている。興味深いのは、ヒューズが、麻生をイングランドで最も古い名門女子パブリック・スクールの一つチェルトナム・レイディズ・コレッジ（中等教育機関）の創立五〇周年の祝賀式典に連れて行き（一九〇五年）、麻生がそこで祝辞を述べたことである。本稿の「ヒューズの学歴」に記したように、チェルトナム・レイディズ・コレッジの教育助手を務めたこともあるヒューズは、英国女子教育の大御所であるビール[29]を麻生に紹介したかったのであろう。ビールは、この学校の校長であったばかりでなく、オックスフォード大学の女子コレッジの一つセント・ヒルダズ・コレッジ（St. Hilda's College）の創立者でもあったから。

五〇周年の祝賀式典の様子は、この学校の校誌（*The Cheltenham Ladies' College Magazine*, Autumn 1905）に

詳細に記録されており、それを読むと、ケンブリッジ大学やオックスフォード大学の女子コレッジの学長たちと並んで、ケンブリッジ女子高等師範学校の初代校長ヒューズや日本女子大学校学監麻生らの名前が来賓として紹介されている。麻生に関する紹介は、次のとおり。

御来賓のなかに日本の女子大学校の学監がいらっしゃいます。その学校は一九〇一年に開学し学生数は約三〇〇人です。ここに、その学校の美しい建物や庭の写真があります。チェルトナムの卒業生の何人かが、現在、日本で仕事をしています。[30] ここでミスタ・アソウから、お言葉を頂きましょう（一九四頁）。

麻生の祝辞の内容は、残念ながら不明である。しかし極東の日本から訪れた麻生の出席は印象深いものであったのだろう。一九〇六年に七五歳で逝去したビールを悼んだロンドン発行の新聞 *The Times*（一九〇六年一一月一〇日）は、その長文の追悼記事のなかでチェルトナムの五〇周年の式典に触れ、「たくさんの来賓のなかに日本の女子大学校学監がいたことは興味深い」と書いている。

麻生は日本女子大学校に宛てて、

小生事前々週の土曜日、チルテナム女学校を去り、ヒューズ女史の招待により、同女史の故郷なるバリーといふ小都会に来り、其の翌日よりは、ヒューズ女史の案内によりて非常に有益なる種々の観察を致し申候。チルテナムに居た時にも同女史へ案内致しくれ申候。当地に来りて以来、日夜余のために凡ての時間と労力とを犠牲に供しくれ申候。

と報告しており、[31] ヒューズもすでに紹介した成瀬宛書簡⑧に「当然ながら、私は女子大学校の発展を考えて、当地にいらした麻生先生のためにできることを喜んで致しました」と記しているから、麻生はヒューズのお蔭でより一層実り多い滞英生活を送ったのであろう。

成瀬について述べると、成瀬は一九一二（大正元）年八月、教育視察と帰一協会《きいつきょうかい》の趣旨を広めるために欧米に出発。その折にヒューズに会っている。[32] 帰一協会（The Association Concordia）とは、成瀬、思想家の浮田和民、宗教学者の姉崎正治、実業家の渋沢栄一、森村市左衛門らが主要メンバーとなってつくった思想団体で、帰一協会の外国向けの便箋に印刷されたConcord and Cooperation between Classes, Nations, Races, and Religionsがその理想を示す標語であった。[33]

成瀬は海外にもこの協会の趣旨を広めることを願い、この旅行中に、米国のコンコーディア協会が成立（一九一二年一一月）、翌年には英国のコンコーディア協会成立に向けて一六名の役員が定まり、そのなかにヒューズの名前を見出すことができる。

後に日本女子大学校四代目の校長になった井上も、一九二二（大正一一）年に欧州を訪問した折、ウエイルズのヒューズの自宅に招かれ、三日間語りあったことが『家庭週報』（一九二二年六月九日）に記録されている。井上は、「ミス・ヒューズは昔に変らぬ日本を愛する方であります。戦争（第一次世界大戦）の当時多くのナースを率ひて看護に従事されたので、非常に健康を害され、殊に心臓を害されましたが注意すれば未だ四、五年は大丈夫との事です」と書き、この『週報』には、帽子をかぶったヒューズと井上が並んで写した写真が添えられた。

このように、ヒューズの日本女子大学校を思う気持ち、日本女子大学校への期待は、彼女の晩年まで続き、『日本女子大学校学報』は、「本校の名誉教授として永く本校のために尽されんとの意志を通せられたり。まことに邦国を異にして、かくの如き厚意を寄せらるゝは、我れ等の感謝に堪へざる所にこそ」とヒューズに対して感謝の気持ちを表している。

おわりに

（1）ウエイルズの女子教育

晩年のヒューズの活躍も、目覚ましいものであった。彼女は故郷である南ウエイルズのバリィ（Barry）に住み、ウエイルズの女子教育の発展に力を注いでいる。

イングランドとは異なる独特の文化をもつウエイルズに生まれ、こよなくウエイルズ文学を愛したと言われるヒューズの最後の仕事がウエイルズにおける女子教育への貢献であったのは、不思議ではない。

彼女がウエイルズにおける教育（特に中等教育）を論じる時強調したのは、ウエイルズとイングランドの状況の違い、さらには必要とするものの違いを認識することであった。彼女は、ウエイルズはイングランドの教育システムをそのまま採用しないようにせよと語り、ウエイルズの状況を注意深く考察してウエイルズ独特の教育システムをつくるべきだと言う。そしてそのことが、大英帝国全体のなかで、ウエイルズの役割を効果的に発揮することにつながるのだと主張する。

ここで彼女の、特にウエイルズの女子教育に関する考え[34]を簡単に記すと、

一、高等教育の目的は、教養を深める教育によって個人を発展させることである。教養を深める教育と専門教育とは区別されるべきである。

二、教育とは、文化を伝えることである。それゆえに女子のみに伝える文化だからといって、その価値を低く見てはならない。

三、ウエイルズ独特の文化、音楽、詩歌などの価値を十分認識して教育せねばならない。

四、イングランドの教育は、試験重視のあまり教育の真の目的から外れており、また歴史のような事実を学ぶ教育が強調され、科学教育が遅れている。それゆえ、ウエイルズの教育は、この誤りを繰り返してはならない。

五、イングランドの女子教育は、本に頼り過ぎている。ウエイルズの女子教育は、対話教育にも力を入れなければならない。

六、女性の生涯教育、通信教育、夜学教育、女性専用の貸し出し図書館の充実が望まれる。

七、女子教育の発展は、女子中等教育のための優秀な女性教師をたくさんつくり出すことにかかっている。

このようなヒューズの考えは、彼女がウエイルズの教育政策を決定する多くの委員会に所属していたことにより、その影響力は大きかったと言われている[35]。

また彼女は、ウエイルズ大学の役員にもなり、一九二〇年には、ウエイルズの教育への貢献が高く評価されて、ウエイルズ大学から名誉法学博士の学位を授与された。

さらにヒューズは、彼女の住む地域において、CTCの卒業生二人の助けを借りながらバリィに住む女性たちのために「バリィ二〇世紀クラブ（The Barry Twentieth Century Club）」を立ち上げている。このクラブは、あらゆる階級の女性たちを受け入れる民主的なもので、生涯学習を目的とした。文学、音楽、演劇、公民権、国際連盟などについての講義や討論が行われ、これはヒューズの組織力によって大きく発展して、一九二三年には会員数が七〇〇名に及んでいる。[36]

第一次世界大戦中（一九一四―一八年）ヒューズは、バリィの町に赤十字病院を設立しようという運動に力を入れ、また篤志看護隊の指揮官になり負傷兵の看護に当たった。戦後、この働きに対して大英帝国勲章（Member of the Order of the British Empire）を授与されたが、この仕事は七〇歳に近かった当時のヒューズの体には、大きな負担となったようだ。一九二五年一二月一九日早朝、彼女はバリィの自宅で息を引きとった。七四歳であった。その死は静かに訪れ、何の苦しみも伴わず安らかなものであった、とCTCに伝えられている。[37]

一二月二一日付のロンドン発行の *The Times* は、Death of Miss E. P. Hughes というタイトルの二五行にわたる記事を出し（一八頁）、彼女の経歴と業績をかなり詳しく報じている。そのなかには、After holding chairs of English in three colleges in Japan, she settled in Wales. という文章があり、そこに書かれた三つのコレッジとは、本章の「6　ヒューズの英国への報告」のなかに見られる、彼女自身が記した日本女子大学校、男子高等師範学校、女子高等師範学校であることは言うまでもない。またウエイルズの *The South Wales News* は、彼女を「ウエイルズ女性たちのリーダー」と呼び、彼女の死を「ウエイルズの教育にとって大きな損失」と書いている。[38]

（２）教育における日英同盟

ヒューズが来日したのは一九〇一（明治三四）年、まさに二〇世紀が始まった年であり、それはまた日本女子大学校開校の年でもあった。

日本女性は、ごく一部の例外を除き第二次世界大戦終了（一九四五〈昭和二〇〉年）までは大学に入学することはできなかった。大学は男性の専有物だったのである。

だが、東京帝国大学や京都帝国大学は、「女子教育刷新要綱」により一九四六年から正式に女子学生の入学を認め、また教育の機会均等などを基本理念とした「学校教育法」が一九四七年三月に公布されたことによって、一九四八年には七校の公・私立共学大学と共に、五つの私立女子大学（日本女子大学、津田塾大学、神戸女学院大学、聖心女子大学、東京女子大学）が新制大学として認可された。

それゆえ、日本女子大学校開校の一九〇一年に女子の高等教育機関として存在したのは、一八九〇（明治二三）年に設立された官立の女子高等師範学校と、一九〇〇（明治三三）年に開学した私立の女子英学塾（現在の津田塾大学の前身）などしかなかったが、女子高等師範学校は女子中等教育機関の教員養成校であったし、女子英学塾は英語を教授する小規模な塾であった[39]。

それに対して日本女子大学校は、初年度に家政学部八四名、国文学部九一名、英文学部一〇名、英文予備科三七名の学生を迎え、外国人を含めた教職員の数は五十余名と、これまでにない規模の総合的女子高等教育機関として出発し、これは、日本において最初のというだけでなく東洋における最初の総合大学を目指した女子高等教育機関の登場であったのである。

しかし、女子を第一に人として、第二に婦人として、第三に国民として教育するという教育方針を掲げて（成瀬はこの順番を間違えてはならないと強調）日本女子大学校を開校し、高等教育を受けた女性は何らかの形でその成果を社会に還元することを願った四二歳の成瀬に対して、世間は中傷や非難、揶揄の言葉を浴びせた。それは、女子には高等教育は不要、いや、むしろ有害であるという世間一般の認識から生じたものであるが、こういった冷ややかな視線は、希望にあふれて入学してきた学生にも向けられたという。(40)

そのようななかで、成瀬は自らの思想を具体化して日本女子大学校の基礎を固め、良き校風をつくっていくことに専念し始めたのだが、奇しくも、その時成瀬の前に現れたのが、CTCの初代校長を一四年間務めた英国女子高等教育のパイオニア、ヒューズであった。成瀬は、これを「千歳稀有《せんざいけう》の奇遇」(41)と称し、その出会いを喜んでいる。

ケンブリッジ大学で道徳科学（Moral Sciences）と歴史を学び、女子高等教育の推進者として活躍したヒューズの豊かな経験、見識、信念、学生に対する深い愛情、そして教養を深める教育、科学教育、対話教育、生涯教育、教師養成などを重視するヒューズの考えは、日本で女子の高等教育を実践し始めたばかりの成瀬にとって、どんなにか大きな刺激であったろう。本章の末尾に記すコラム「成瀬仁蔵の著述に現れたヒューズ」に記したように、成瀬は自分の著述のなかに、彼女の名前や彼女の考えを何度か書いている。また、すでに述べたようにヒューズが提案した英文学部の教育内容の改革を実行に移したことや、本書の第三章で詳細に紹介する、ヒューズの著書『日本人学生のための英文学』を成瀬が書き込みやアンダーラインをつけて精読したという事実は、成瀬がいかにヒューズを高く評価し、傾倒していたかを物語るものであろう。

さらに、それまで世間から非難や揶揄の言葉を浴びてきた成瀬がヒューズの送別会で、「此の女子の高等教育の始て唱道せらる、ときに当り我国民が面《まのあた》り高等教育を受けたる女子の活標本を女史に於て見るを得たるは実に女史来朝の賜なり　其の大に本邦女子高等教育の前途に資せしや疑を容れざるなり」と述べた時、彼は、自分の考える女子高等教育の理念と日本女子大学校で実践している教育に自信を深め、さぞかし深い満足感を覚えたことであろう。

他方ヒューズも、「私の主要なる仕事の場所は、極東地域における最初の新しい女子大学校です。この学校は、今、かなり攻撃の的になっていますが、私は少しでもお手伝いできるチャンスが与えられて大変喜んでいます。この学校は、有力な支持者たちをもっており、将来は疑いもなく優れた仕事をするでしょう。そして、すでに全国から四〇〇人の学生を入学させています」と英国に報告したように、日本で最初の、そして東洋においても最初の総合的女子高等教育機関となった日本女子大学校の教壇に立つことを喜びとし、学生たちに大きな期待を寄せている。

ヒューズは日本におけるある講演会で、日本はここ三〇年間にあらゆる方面で長足の進歩をし世界の最文明国の仲間入りを果たしたが、一つだけ大きな欠点をもっていると述べ、それは女子教育が遅れていることだと指摘する。そして彼女は、女性には男性と同等の教育の機会を与えるべきだと主張するのであった。(42)

もちろん厳密に言えば、当時の英国においても男女同等な教育が行われていたわけではない。しかし、イングランドだけを例にとってみても、ロンドン大学、ロンドンにあったマンチェスター・ニュー・コレッジ、ダーラム大学などは一九世紀に女性の学位取得を可能にしたし、(43)あの保守的なオックスフォード大学ですら、多くの運動が実って一九二〇年には女性に学位取得の道を開いたのだから、日本の女子教育の状況は、まさに途上国的だったのである。

であるからこそヒューズは、かつての自分と同じように世間の中傷を浴びながらも女子の高等教育の発展のために奮闘する成瀬を助けたいと思い、日本女子大学校に学ぶ学生たちには特別の期待を抱いたのであろう。彼女は、「ケム川の岸辺にいた時と同じように、ここにもたくさんの『女子高等教育に反対する人たち』がいることがわかりました。こういう人たちに対しては、激しい情熱とケルト人のエネルギーをもって闘わなければなりません」と英国への報告のなかに書き、日本女子大学校の学生たちには、「一生懸命勉強をして下さい。この学校から与えられる恩恵は、皆様方だけのものではなく、日本女性全体、そして極東地域の全女性に役立つものだからです」と、自分のために催された送別会で、学生たちの使命感を奮い立たせている。

成瀬とヒューズの結びつきは、ヒューズの滞日中に結ばれた「日英同盟」によって強力なものとなった。「日英同盟」は、前述したようにロシアの極東進出政策に対抗するために日本と英国の間に一九〇二（明治三五）年一月三〇日に結ばれた軍事同盟ではあるが、成瀬はヒューズの送別会において、「嗚呼政治上の日英同盟は已に政治家の手に成りぬ　教育上の日英同盟は正に女史の手に成らん哉」と、女子高等教育をめぐる英国女性ヒューズとの絆を喜び、彼女を称えるのであった。またヒューズの方も、日本を離れたあとも「われわれの同盟国日本」という言葉を意識して使っている（本書一〇〇頁）。

その時から約一二〇年の月日が流れ、現在われわれは二一世紀の入口を通り抜けた所にいる。そして女子の高等教育という言葉がそれほど新鮮なものでなくなった今、成瀬とヒューズの関係は、すっかり忘れられてしまったようだ。ヒューズが滞日中に主張した、中等教育における美術教育や体育教育に関する考えについては、二〇世紀後半から今世紀にかけて幾つかの論文[44]が書かれている。だが、彼女が日本で最も力を入れた女子高等教育、女性の地位向上、そしてそれらに関わる日本女子大学校、その創立者成瀬との関係は、まったく語られなくなってしまった。ましてや、ヒューズが東洋の女性の地位向上まで考えて、日本女子大学校の発展に期待したことを知る人は稀であろう。

日本女子大学校は、前述したように一九四八（昭和二三）年に新制大学としての日本女子大学になった。ここに創立者成瀬が長きにわたり念願した姿が、確立されたのである。その後大学院も設立され、今や成瀬の建学の精神を守りながら大きく発展し、たくさんの卒業生が世界に羽ばたいている。

しかし、創立一二〇年を目前にした今、われわれは、苦難の道を歩いて女性に高等教育の道を開いた成瀬とヒューズ、この二人の奇遇とも言うべき日英交流がもたらしたものを深く考えてみる必要があるだろう。それは単に日本女子大学の問題ではなく、ヒューズが主張したように日本女性全体、東洋の女性全体、今や世界の女性にとって意味あることではなかろうか。

ヒューズが活躍した英国のＣＴＣは、一九四九年に、ダイナミックなリーダーであった初代校長ヒューズに敬意を表してヒューズ・ホール（Hughes Hall）と名称を変え、新しい発展を見た。現在はケンブリッジ大学の正式なコレッジの一つになり男女共学。大学院生が多く、彼らの研究分野は社会科学、自然科学、人文科学と多岐にわたっている。(45)

コラム

ヒューズのお茶会……主賓は津田梅子

本章の「5　ヒューズの成瀬宛書簡」で紹介した④の書簡にあるように、ヒューズは日本女子大学校で英文学部学生が英語を実際に話す機会をもてるように、と英国風お茶会を開いている。その時の思い出を、当時ヒューズの指導を受けた学生が三〇年の時を経て、『家庭週報』（一九三一年七月一〇日）に寄稿しているので、それを引用しよう。

そもそも英文科のテイーパーテイーは、私共の二年の時英国ケンブリツヂ大学の婦人で卒業生ミス・ヒユーズ女史が東洋の教育視察に来朝され日本に一年間滞在し、其の間高等師範の男子部に一週に一時間、私共に五時間づつ教へて下さつた其の時、英語を学ぶ人たちはEnglish Mannerも知つておかなければならない、先づテイーパーテイーからと云つて始まつたのが日本女子大学校におけるTea Partyの元祖である。

時は何月何日だつたか忘れた。場所は雨天体操場。お客様は成瀬校長をはじめ、麻生、松浦、村井先生、外国人、そして一番の正お客様は今は故人になられた女子英学塾塾長津田梅子女史であつた。他の外来のお客様は忘れた。当時の梅子女史は私共ばかりでなく恐らく当時の女学生の崇拝の的であつたらう。

その梅子女史に明日は接する事が出来ると云ふので、とてもとても嬉しくて、読者よ御想像下さい。

先づアノ玄関に到着されたら握手をしながら、We are so glad that you have come to our tea party. と挨

拶をして室にお連れする事から、お茶をつぐ時はア、、お菓子を出す時はコウ、と動作から言葉迄ミス・ヒユーズに教へられた通り一生懸命稽古した。かうして仕度をして Tea Party が始まつた。お菓子は多分家政学部の方がこしらへて下さつたと思ふ。其の後、こんどは私共がミス・ヒユーズのお宅におよばれしてまゐつた。当時先生は今の東京女子大の安井校長と同居して居られたので、これ又私共の誇の一つとなつた。「安井女史のお家に Tea Party に行ったのよ」と吹聴した。

これを読むと、ヒューズが、お茶会を催した時の、そしてお茶会に招かれた時の英語、立居振舞などを一生懸命教え、学生もまたそれを楽しんで勉強していた様子が目に浮かぶ。またこれが、一九〇一（明治三四）年に開学したばかりの日本女子大学校の一場面と思うと興味深い。

この寄稿者は、ヒューズのことを「とてもニコニコしていて、お伽の国からでも連れて来たというような表情の持主のオバサンだつた」と書き、さらに「も一つミス・ヒユーズを忘れることの出来ないことがある。先生はほんとうに字が下手だつた。皆読めなかつた。慣れて漸く読める様になつた」と述べている。

ヒューズがその基礎を築いた日本女子大学校英文学部のお茶会は、その後もずっと続けられたようである。一九三一（昭和六）年六月一二日発行の『家庭週報』には、英文学部四年生が書いた「私達のティーパーティー」という文章が掲載され、一三名の先生方の出席のもと、学生のコーラス、ゲームなどで楽しく過ごし「私達は今日のサンドウイツチの様に中味を充実させて伸びてゆきます」という閉会の言葉で終了したことが報告されているから、ヒューズのお茶会とは多少趣を異にしていったのかもしれない。

コラム

東京女子大学学長安井てつは、ヒューズの愛弟子

東京女子大学二代目学長に就任した（一九二三年）安井てつは、一八九七（明治三〇）年、女子高等師範学校（現在のお茶の水女子大学の前身）教師の時代に文部省派遣留学生として渡英、三年間の留学中にヒューズの学校（CTC）で学び彼女から多大な影響を受け、文字通りヒューズの愛弟子となった。以下に安井自身が記した文章を、青山なを著『安井てつと東京女子大学』（一九八二年）から紹介する。

ミス・ヒューズの学校は、一寸日本の女高師に似てゐますが、程度はずつと高く、すでに大学を卒業した者が、教師になるのに必要な学科を修めたり、自分の専門学科の教授法を研究したりする所でした。学生は、ケンブリッヂ大学で教育に関係のある学科を聴講することが出来、又知名の学者と接触する機会も尠くありませんので、私のやうな目的をもつた留学生にとつては、この上もなく都合のよい学校でありました。

ミス・ヒューズは、「あなたは遥々日本から英国に来られて教育学を研究されるのであるが、書物は日本に帰つても読み得るから此処ではなるべく多くの人々に接して意見をきき、多くの学校や家庭などを広く視察訪問して、教育上の参考に資することが得策であると思ふ」と忠告された。恐らく初めて接した日本の若い女子を指導して大に将来の日本に尽させようと考へられたのであらうと思ふ。私は他の学生の与へられぬ

幾多の便宜を与へられ、知名の学校を視察し、種々なる家庭の客となり、同師と共に英国内は勿論スイスまでも旅行した。

ヒューズは、一九〇一年の来日の折には、一五か月にわたって安井家の二階に滞在し、安井を伴って日本各地の教育視察や講演を行っており、東京女子大学には、ヒューズが安井に宛てた書簡が保存されている。

このように、ヒューズは女子の高等教育を目指した開学時の日本女子大学校とその創立者成瀬仁蔵に影響を与えただけでなく、当時の女子高等師範学校教師、そして東京女子大学（一九一八年創立）二代目学長として一七年間奮闘した安井てつにとってもとても大切な存在であった。また本章「2　ケンブリッジ女子高等師範学校（CTC）の生活」の終わりにも記したように滞英中の津田梅子も「ミス・ヒューズから多くのものを得た」と書いているから、日本の女子高等教育の発展に対するヒューズの貢献は少なからざるものがある。

なお、二〇一四年にケンブリッジ大学のヒューズ・ホールが発行した雑誌 *Hughes*, 21の記事 "Japan and Hughes Hall" には、一八九七年と九八年度のCTCの正規の学生リストのなかに安井の名前が入っていることや、ヒューズと安井の親しい関係が書かれ、帽子を被ったヒューズと並んだ和服姿の安井の写真も掲載されて、一〇〇年以上前の二人の交流が偲ばれる。

コラム

成瀬仁蔵の著述に現れたヒューズ

成瀬仁蔵の著述と言えば、その数は厖大であるが、ここでは『成瀬仁蔵著作集』全三巻（日本女子大学発行、一九七四、七六、八一年）から成瀬がヒューズの名前を記した文章を取り出し、それを読者の参考に供したい。成瀬がヒューズを知ったのは、ヒューズが来日した一九〇一年なので、一九〇〇年までの著述を収録した第一巻にはヒューズの名前は現れない。

▽第二巻三〇六頁。創設期（一九〇一―〇二年）における実践倫理講話「時に就きて」の中で、

諸子の中には、自分が男子と生れしならば為し得べきも、女子なるが為に出来ずと考ふる人もあらん。例へば、ヒユーズ嬢の云はれし如く、西洋は人種が違ふ故、どうも気性にて仕方なし。

▽第二巻三二五頁。創設期における実践倫理講話「予は諸子に対して二つの希望を有せり」の中で、

ヒユーズ嬢の英文学部生徒に与へられし手紙を見るに「日本の教育は支那の祖先伝来の注入的学風（日、清、仏の教育は試験制度なり。之に及第する為に咀嚼し難きものを注入するに至る）暗記的作用にして此の学風が

今に至る迄、日本の学校の上にたゞよへり。而《しこう》して世界に新しく行はれ居る教育法及び学説は、稀に日本に到着せるのみなり」と。此の意味は実際に行はれざるを云へるなり。

予は一人の外国婦人の説に依りて之を取るに非ざるも、予自らの経験に由りても、此の観察が不当ならざるを信ずるものなり。

▽第三巻三八三、八四頁。成瀬の代表作『女子教育改善意見』（一九一八年）中の「思考及び科学」の中で、

かつて英国剣橋女子高等師範学校長にして、今はカーヂフ大学評議員たるヒユーズ女史が、先頃教育を論じたる小冊子中に、家政学を以て家庭建設の専門学と称し、その範囲と効果とに就いて次の如く述べて居る。曰く、

此の専門学が啻《ただ》に地球上最大の職業のみならず、人の幸福、健康、道徳の上に影響する、如何なる職業よりも有効なることを証明する事実は、益々増加し来つた。而して此の家政の技術は他の如何なる技術よりも生活の実価値、賃銀の真価値を高め、国家の富力に深大なる影響を与へる。故に国の娘たる女子は其の如何なる事情に在る者でも、悉《ことごと》く相当の家政術を学ぶべきである。而して其の大切なる技術を科学的に、有効に教ふる為に、多大なる金と力とを費すべきである。

抑《そもそ》も此の技術は他の技術と全く異る特質を有してゐる。特質とは、此の技術が他の多くの技術を綜合して成ることである。即ち此の技術は地球上総ての職業、総ての専門を含み、極めて多方面、多種類にして、人

類の要務を負荷せる、最も困難なる事業を為すものである。又困難なる政府の事業にも関係せるものであつて、教育事業も、財政問題も、経済、衛生、家庭社会の義務其の他一切の問題を含むのである。家庭は実に一の完全なる社会であり、国家である。其の女王たる者は極めて許多《きょた》の国務を見なければならぬ。女子が此の大切なる職務を全うせんとすれば、其の準備の為に、其の性質上高等教育を必要とし、之に多大なる時と金とを費さなければならぬ。従来久しき間女子は男子と同じく教育を受くる自由を妨げられ、人為的に職業を制限せられ、或る種の教訓学理に触るゝことを禁ぜられてゐたのである。然れども婦人の終生事業の大部分は教育的のものにして、之が遂行は不言の祝福なりといふべきである。今や婦人の為の吉慶日は来り、家庭建設の為に十分なる訓練を受け、其の教育的価値の多大なる増進を見んとして居る。

右はヒユーズ女史の意見であるが、家政学の価値をよく説明したものといふべきである。

▽第三巻三八七頁。前述の『女子教育改善意見』中の「女子高等教育に於ける家政学の位地」の中で、

ヒユーズ女史の言の如く、今後の女子高等教育が家政学に重きを置き、如何なる階級家庭に在るものと雖《いえど》も、凡《およ》そ女子たるものは、必ず家政学を以て学問修養の重要点たらしむべしといふ論に傾けるは事実である。

▽第三巻四二五頁。同じく『女子教育改善意見』中の「精神的可能力」の中で、

女子は男子同様、智情意に於て永久進歩発展の可能力を潜有し、又其の権利を所有するものであることを信ずるのである。是れ独り吾人の私見のみではない、吾人と同主義の学者スタンリーホール、ヒユーズ女史、クーレー女史等、皆同一の意見を発表して居る。

▽第三巻六二二頁。成瀬の外遊（一九一二年八月―一三年三月）からの帰国に際して催された帰朝歓迎会で発表した「漫遊みやげ」の中で、

（皆さんから戴いた土産の…白井注）も一つは英国に持つて行つてミス・ヒユーズに上げた……そんな訳で皆さんから戴いた土産物は非常に有効に使ふ事が出来ました。

▽第三巻六四五頁。「欧米旅行報告」の中で、

「左の十六名の人々は、英国帰一協会創立の暁には、その評議員たることを承諾せられたのである。その人名は……」と書き、その十六名の中に「ミス・ヒユーズ（カーデフ大学評議員）」を挙げた。そして「孰《いず》れも英国第一流の学者、教育家、実業家であつて彼の国の社会に重きをなしてゐる人々である」と記している。

これらを読むと、成瀬はヒューズの家政学に関する考えに特別共鳴していることがわかり、興味深い。

第三章

E・P・ヒューズの著書『日本人学生のための英文学』と成瀬仁蔵

1　歴史の波を潜った成瀬の蔵書

日本女子大学校の創立者成瀬仁蔵は、大変な読書家・蔵書家であり、当時、丸善や教文館などから大量の洋書を購入することで有名だったと言われている。[1] 現在、成瀬の蔵書は、よく整理されて、日本女子大学成瀬記念館[2]に保存されているが、しかし、一九一九（大正八）年の成瀬の没後から今日までの約一〇〇年の間には、関東大震災や日中戦争、そして第二次世界大戦などがあり、特に戦闘が激しくなった時には、在学生たちが荷造りを手伝って成瀬の蔵書を軽井沢に疎開させるなど、全学を挙げて、創立者成瀬の貴重なる遺品を守ってきた。

日本女子大学校の同窓会である桜楓会が発行する『家庭週報』（一九四四年三月一五日）には、「疎開する成瀬先生の記念図書」という表題がつけられた次のような記録がある。

> 成瀬先生の記念品を戦ひの災火から護るべく、この度いよ〳〵全部的に疎開しました。
>
> 成瀬先生の記念品は、校内の先生の終焉の家に先生在りし日のまゝ保存されてゐた図書及び什器が主なものですが、中でもお二階の書斎を埋める二千冊近い蔵書は、戦争が始まつた頃に一部疎開されてゐたもの、、大々的にこのお部屋から動かされるのは先生御永眠後初めてのことで……。

戦後の一九五二（昭和二七）年になってから成瀬の蔵書は、日本女子大学の図書館員によって図書分類に則った整理が開始され、一九七九（昭和五四）年一一月には、『日本女子大学　成瀬文庫目録――洋書の部・和書の部』（日本女子大学図書館発行）が刊行された。この目録には、洋書一九一九タイトル、和書四八一タイトルが収録されている。

だが、その後数十年を経てから、図書館の思いもかけない場所から未整理のまま残されていた段ボール数箱が出現し、それらは、長きにわたって眠り続けてはいたものの、成瀬の蔵書に厚みと深さを与えるものであった。

ここに紹介するエリザベス・P・ヒューズ（Elizabeth Phillips Hughes, 1851-1925）の英文著書『日本人学生のための英文学』（*English Literature for Japanese Students*, 1902）は、この未整理のまま残されていた段ボールの一つから姿を現したものである。

セピア色に変色した表紙には、著者ヒューズの手書きでWith E. P. Hughes' kind regards. と献辞が記されており、頁をめくっていくと、そこには多数のアンダーラインや、明らかに成瀬のものと思われる字で書き込まれた短い日本文と英文が現れ、成瀬の精読ぶりを伝えている。

ここでは、本書の第二章「エリザベス・P・ヒューズ――成瀬仁蔵を助けた英国女子高等教育のパイオニア」の主人公ヒューズが滞日中に著した『日本人学生のための英文学』の内容を紹介するだけでなく、成瀬がそれをどのように読んだかも明らかにしよう。この書が出版された一九〇二（明治三五）年七月の半年前に日英同盟[3]が締結されたことを考える時、英国の女子高等教育のパイオニアであるヒューズの著書を、日本の女子高等教育のパイオニア、成瀬が共感をもって読む姿を想像することは特別の意味があるし、またこの書が歴史の波を潜って二一世紀のわれわれの前に現れたことも、歴史の重みを感じさせるものであろう。

2　ヒューズの『日本人学生のための英文学』

ヒューズの英文著書『日本人学生のための英文学』（*English Literature for Japanese Students*）は、丸善の前身、丸屋善八店から出版されており、表紙には、Z. P. Maruya & Co. Ltd. と記されている。この書は奥付のみが日本語で書かれていて、それによれば、

発売所　丸善株式会社（東京市日本橋区通三丁目十五番地）
印刷所　立教学院活版部（東京市京橋区明石町六十番地）
印刷者　栗原素行（東京市神田区表神保町六番地）
著作兼発行者　英国人エリザベツ、ヒュース（東京市麴町区下二番町二十六番地）
明治三十五年七月七日発行
明治三十五年七月二日印刷
定価　金四拾銭

本の大きさは縦二〇センチ、横一五センチで、頁数は二一七頁。全体は二つの部分に分けられている。前半（一－七三頁）は、ヒューズの考えを述べた文章で、タイトルは「日本人学生に英文学を教えることについて（On the Teaching of English Literature to Japanese Students)」である。後半（七三－二一七頁）は、「重要な作家の

名前のリストとその作品の抜粋（List of Great Names and Specimens）」というタイトルのもとに、一四世紀のチョーサーから出発してJ・ラスキンやG・エリオットなど一九世紀終わりまでの英文学の作家七六人の名前と、彼らが著した一三五の作品の抜粋から成り立っている。

中表紙をめくると、次の三つの文章が現れる。

「われわれは、学校のために勉強をするのではありません。生命のために勉強をするのです」

エリザベス・P・ヒューズ

この小さな本を、たくさんの日本の先生方に感謝の気持ちを込めて捧げます。その先生方は、ご自分の学校に私を心から迎え入れて下さり、日本の国における教育を理解しようと懸命になっている私に惜しみない援助を与えて下さったのです。

東京にて

一九〇二年六月二五日

「文学は、洗練された喜びをもたらすあらゆる源泉の中でも最高のものです。そして、まさに教養を高める教育（リベラル・エデュケイション）を学んだお蔭で、われわれは、その喜びを味わうことができるのです」

トマス・ハックスリィ(4)

ここでは、前半部分を占める、日本人学生に対する英文学教育についてのヒューズの考えを要約して紹介しよう。ヒューズの文章にはまったく小見出しがなく読みにくいので、私がその内容に応じて小見出しをつけた。

① 文学作品から何を得るか

人間は交際相手から多大な影響を受ける。それと同じように、人生を鋭く観察し、人生の真の意味を深く理解している作家の文学作品からは得るものが大きい。特に何世紀にもわたって高く評価されてきた珠玉の文学作品からは、精神的、道徳的に豊かなものを学ぶことができる。それゆえ、文学を教える教師が作品の解説、言葉や引喩などの説明をするだけで、学生に、作品のもつ深い思想、表現の美しさや適切さを考えさせないならば、また文学作品と人生を結びつけて考えさせないならば、学生は自分の力で考えることも、将来自発的に文学を勉強することもしないであろう。文学を教えても学生の精神の発展に影響を及ぼすことはできないのだ。良き文学作品は、われわれの精神に力を与えるのだから。

② 女子学生は文学作品から何を得るか

文学作品から何を学ぶかを考える時に重要なことは、文学の勉強は女子学生にとって特に価値あるものだ、という認識である。

女性は、男性に比べて、多面的で豊かな人生経験をもつことから切り離されている。東洋では、特にそうだ。家庭のなかにいる女性は、その仕事の性質上隔離された生活をしているので、女性にとっては、書物こそが、家庭の外の世界（outer world）におけるものの考え方を知ることを可能にし、そしてまた、家庭の外の世界の生活を見ることを可能にする窓なのだ。妻は、夫が活躍する外の世界を知的に理解して、その世界に共感できなければならないし、母親は、子供たちが外の世界で生活できるように準備してやらなければならない。

女性は、文学を知的に学ぶことによって、自分の家庭の義務を正しく果たすための知識を得ることができる。夫の知的な良き伴侶、子供にとっても知的な良き母親となるためには、妻や母親の精神には絶えず深い思想が注がれていなければならない。それは、文学作品を読むことによって与えられる。家庭にある蔵書を妻や母親が活用しないならば、家族間の絆は切れてしまうだろう。

社会は、男性と女性とで成り立っている。女性が外の世界の知識、外の世界の考え方を知らないならば、女性は知的な社会における自分たちの役割を果たすことができない。文学こそが、女性に、この知識と考え方を与えることができる価値あるものなのだ。

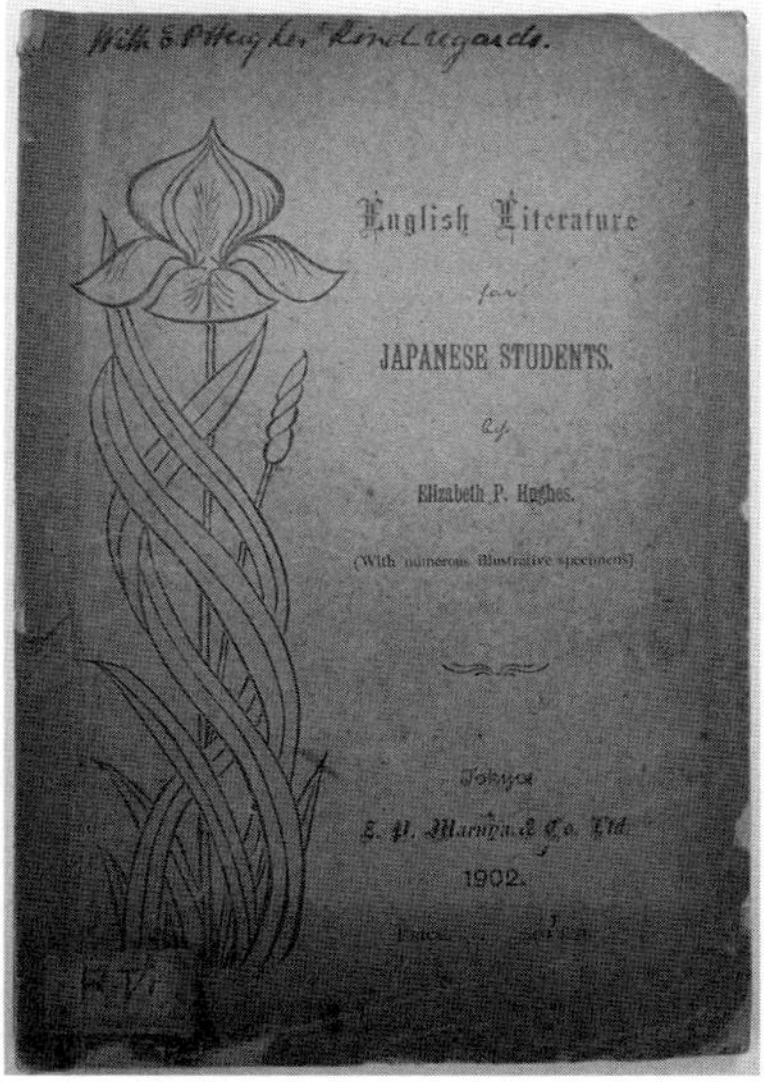

日本で出版されたヒューズの *English Literature for Japanese Students*
（日本女子大学成瀬記念館所蔵）

③　日本人学生が英語と英文学を学ぶ意義

他国の文学作品をその国の言語で読んで、その国の思想を知ることとは、自国の文学作品と自国の言語、自国の思想をより深く理解することにつながる。また、他国の文学作品を読むことによってわれわれの知識は拡がり、他国への関心と共感が増し、われわれは「世界市民（citizens of the world）」となっていく。「世界市民」はより高い教育を受けることによってのみ生まれるので、現代では、一つの言語、自国の文学作品しか知らない人は、教育レヴェルの高い人とは見なされない。

日本人学生が学ぶ第二言語は英語であるから、日本人学生は必然的にその英語力を使って英文学を学ぶことになる。ここでまず、英語を学ぶことが日本人学生にとっていかに意味あることかを知るために、英語の特質について述べよう。

a　英語は、商業や旅行において、かつての共通言語であったラテン語の地位を占める言語である。

b　英語は、見事な発展を遂げ世界の重要国となった国――大英帝国と共和国である米国――で使われ、文明国のたくさんの学校で教えられているので、年々、社会的・経済的交流の鍵となっていく価値ある言語である。

c　英語は、柔軟性に富み豊かな表現手段となる言語である。

d　英語は英国人の国民性を強烈にもっている言語なので、英国人の生活の多くが英語のなかに具体化されている。それゆえ、英国人の生活はもちろんのこと、西洋の知的見地やキリスト教国のものの考え方をも、特に東洋の学生に対して伝える言語である。

英文学に関して言えば、英文学は西洋文学のなかでも最高のものの一つであり、千年間の長きにわたり発展し、現在でも依然として成長している。

過去半世紀間に英文学作品を生み出した男女の作家たちの名前を挙げてみよう。それは、英文学という古い木が依然として、その生誕の地で新鮮な花を咲かせていることを証明している。

テニスン（A. Tennyson）、ブラウニング家（the Brownings）(5)、メレディス（G. Meredith）、スウィンバーン（A.

C. Swinburne)、ジョージ・エリオット（George Eliot）、シャーロッテ・ブロンテ（Charlotte Brontë）、ギャスケル夫人（Mrs. Gaskell）、ウィリアム・モリス（William Morris）、ダーウィン（Charles Darwin）、ハックスリィ（T. Huxley）、マシュー・アーノルド（Matthew Arnold）、ラスキン（John Ruskin）、ロセッティ家（the Rossettis）[6]。

英文学は次のような特徴をもち、その特徴は英文学を一層価値あるものにしている。

a　英文学の作品の大部分は、道徳的であるということ。イングランドの道徳教育は、英文学の作品を通して教えられている。

b　文学的な美しさを備え、多くの場面で繊細で優しい感情を示している。

c　深刻と言ってもよいほどの真面目さがあふれている。

d　公民としての義務感、責任、不屈、自己犠牲、抑制、公正さ、完全さ、正しいことにおける粘り強い頑固さ、冒険好きなど、英国人のもつ性格を示している。

ここに列挙した特徴は、チョーサー（G. Chaucer, 1343-1400）からブラウニング（R. Browning, 1812-89）に至る作家の作品のなかに確認することができ、それは、各作品を魅惑的なものにしている。

英文学を知的に学ぶことは、英国人の特性と生活を理解する最上の方法であり、日本人学生にとって価値があることだ。

④　日本の女子学生は英文学を学ぶべきだ

日本の女子学生は英文学を学ぶべきだ、と述べる理由は、次の三つである。

a　英文学の大部分は女子学生が読んでも批難されることのない、道徳的な内容である。

b　一九世紀に西洋の女性は大きく進歩した。英国女性の進歩は、摩擦を起こすことなく、まれなるほどの成功をみた。それは、リーダーになった女性たちの英知、自己抑制、自己犠牲のお蔭であり、また男性たちが援助を惜しまなかったからと言えるが、何よりも女性たちが、慎み、優しさなどを失うことなく、教育、責任、自由の順番に力を獲得したからであろう。もしもこの順番が逆であったら、さまざまな困難が生じたと思われる。彼女たちがなぜ多くのものを獲得し、少ししか失わなかったかは、現代の英文学の作品のなかにはっきりと見出せる。それゆえ、英国の女性たちが歩んだ道をこれから歩もうとしている日本女性は、特に英文学の作品を読むべきだ。

c　日本においても、生活、経済、商業の発展に伴い、女性は家庭の外でも活躍してほしいという要求が、これからは強まるであろう。その時、英語・英文学を学んだ女性たちは、価値ある仕事を手にすることができる。ジャーナリズムにおける仕事、英文学の作品の翻訳などを、女性の視点を入れて行うことができるのだ。もちろん彼女たちは、日本語を磨くことも忘れてはならない。

⑤　英文学をどのように教えるか

英文学を第一級の翻訳書を使って教える方法と、翻訳ではなく原書を使って教える方法と二つの教え方がある。英文学を学ぶ初歩のコースにおいては、それが立派な日本語訳であるならば翻訳書を使ってもよいだろう。しかし、翻訳書は、どんなに優れたものであっても多くを失っている。それゆえ、ある程度の英語力を身につけた学生に対しては、文学作品は原書で読まなければいけないこと、決して自国の言葉に翻訳してはならないことを強調していくことが大切。学生は、原語を通して作家の思想を理解しなければならない。

日本の教室では原文を翻訳しながら講義をしている先生がいるが、それでは、学生の英語の知識を増すことにもつながらないし、原書を使って作品を味わう訓練にもならない。教師は、的確な援助を与えながら、学生に英文学の作品を翻訳することなくそのままの形で読む習慣をゆっくりとつくってやらなければならない。英語で書かれた医学や法律の専門書の内容を学生が知りたいと思う時には、日本語に翻訳しながらその内容を理解していくのもよいだろう。しかし、外国文学を専攻する学生は、翻訳された日本語の文章を通してではなく、原書を読んで原語のもつ力、ニュアンス、日本語とは異なる表現の味わい、日本人とは異なる知的な立脚点を感じとらなければならない。

従って英文学を教える教師は、英語という言語について深い知識と鋭い感覚をもたなければならない。教師が英文のテキストを日本語に翻訳して講義を進めるのであれば、学生は多くを身につけることはできないし、学校から家に帰ったあと英文学の書をひもとくことをしないであろう。

教師は、英語についてはもとより、英文学についても適切な知識を獲得しなければならない。英文学の最高傑作についての評価、過去五百年間の英文学の発展についての知識、そして英文学の源である英国の生活についての知識も必要だ。

一番よいのは英国で生活する経験をもつことだが、それはなかなか困難であろうから、日本のなかで自分にいろいろ教えてくれる英国人の指導者を得るとよいだろう。英語と英文学について深い知識をもち、英語の発音なども直してくれるような指導者、英国の生活・歴史・文化などについて有益な話をしてくれる人を。しかし指導を受けると言っても、教師は自分のクラスについては完全に責任をもち、場合によっては、その指導者の助言を受け入れない自由をもっていなければならない。

⑥ 文学演習室をつくる

英文学を学ぶ学生のために、文学演習室（Literature Laboratory）をつくることが不可欠である。科学の教師は、実験室（Laboratory）なしには満足できる教育を行えない。同じく、系統立った文学教育のためには、この文学演習室が必要なのだ。その部屋は温かい雰囲気にあふれ、壁には英文学と関わる、あるいは英国の生活が感じられる絵画をかけるとよい。

学生に対して系統立った英文学の教育をするためには、その部屋に次のような英文学の書物と関連書を並べることが重要。この部屋は、単なる図書室ではない。特に大切なことは、書物の配列の仕方である。次のような方法で書物を並べるのがよい。

（セクションA）偉大なる詩人の作品。さまざまな理由で英国の詩は、散文よりも優れているから詩のセクションをつくる。詩人のアーノルド（Matthew Arnold）は、By nothing is England so glorious as by her poetry. と述べている。

（セクションB）特別偉大なる散文作家の作品。現代英語で書かれているもの。

（セクションC）『――選集』といったもの。

（セクションD）文学者の伝記。Boswell's *Life of Samuel Johnson.* Mrs. Gaskell's *Life of Charlotte Brontë* など文学的価値の高いもの。

（セクションF）二、三種の英文学史。少なくとも一種は外国人の眼で書かれたもの。たとえばフランス人の歴史家 H. A. Taine の *History of English Literature.*

（セクションG） 英語史。

（セクションH） 二、三種の英国史。それぞれ違った見解を示しているものがよい。英文学を理解するためには、英国の歴史についての知識が必要。英文学は、強い愛国心によって生み出されていることがある。

（セクションR） 参考文献。少なくとも二種類の新しい良い辞書、地図、百科事典。

（セクションN） 小説。小説を読むことによって英国の思想や生活が理解できるし、容易に英語の語彙をふやすことができる。また小説を読むことは、英国の生活の背後にあるが、教師もなかなか上手に説明できないような漠然としたもの――英文学を真に理解するには必要なもの――を明確な形に導いてくれる。

（セクションK） ギリシャ・ラテンの作品の英訳本。英語によらないヨーロッパ文学の英訳本。

（セクションT） 英文学の日本語訳。英文学を学ぶ初期段階においては、日本語による翻訳本は役立つ。


この文学演習室には、書物だけを並べるのではなく、英国の生活を学生に実感させるような絵画をかけたり、英文学、特に英国の生活を実証するような物品も並べて小さな博物館のようにするのもよい。

演習室の責任は、英文学を教える教師が引き受ける。しかしこの部屋は、あくまでも学生の個人的な勉強のために使われることが望ましい。

⑦ 英文学を理解するための基礎知識

英語をかなりよく読めても、真の意味で英文学を理解できない日本人が多くいることを発見した時には、最初、驚いてしまった。英文学を味わうためには、英語の知識以上のものが必要とされる。

それは一番目に、英国の生活のなかに流れる根本的な原理と英国の生活を成立させている主要な条件を知っているということである。この知識を獲得する最高の方法は、英国を旅することであろう。しかし、必要なものは、日本にいても獲得できるだろう。

二番目に英文学の源となったものについてよく知っていることが大切。英文学の源となったものは、

a　ギリシャ思想とギリシャ文学（物語）。ごく最近まで、イングランドの教育ある人たちは、ギリシャ文学とラテン文学を学んできた。ローマはギリシャの影響を深く受けたので、一六世紀以来、イングランドの最高の教育は、ギリシャ思想によって支配されてきた。それゆえ、英文学を真に理解するためには、ギリシャの物語についての知識が必要。

b　聖書。過去半世紀の間に聖書を読む英国人は大きく拡がっている。聖書は英文学に輝かしき光を与え、大変影響を及ぼしてきたので、文学的な見地からみても、聖書についての知識は英文学を明快に理解するためには必須のものと言えよう。聖書の英訳本もまた、文学的価値が高い。

c　アーサー王伝説に関わる物語。これらの物語は西洋における騎士道の最高の理想を表しており、これらの物語についての知識は、英国人の理想と英文学の上にきらめく光を投げる。そしてまた、これらの物語は、冒険を愛する心、名誉を重んじる心、向こう見ずとも言える勇敢さ、忠誠、自制など英国人のもつ性格の側面を強調しており、その性格には、恐らく日本人も容易に共感できるだろう。というのは、この性格は、日本のサムライ、中世の西洋の騎士、そして現代の英国紳士を特徴づけているものだから。アーサー王物語は、日本文学と英文学をつなぐ価値あるリンクであり、日本人学生が英文学を勉強する時には、この物語から出発するのが最も容易で、かつ効果的と思われる。

⑧　セミナーの開催は有益

学生は、教師の講義を聞けば英文学についてのすべての知識を得ることができると期待してはならない。個人で勉強すること、すなわち予習・復習に多くの時間をとらなければならない。

学生に力をつけさせるためには、毎週、あるいは二週間に一回、セミナーを開催することが望ましい。セミナーでは、教師と学生は講義の時とは異なった立場に立ち、異なった役目を果たす。セミナーのための勉強は学生だけで行われる。すなわち学生はテーマや勉強法を自由に選択し、独創的な仕事を行う学者のように個人で研究を進める。教師の役目は、テーマについてヒントを与えたり、提出されたものに批評を加えたり、また学生に知識を得ることのできる場所を教えたり、学生が必要な資料をもっているかどうかを確認したりすることである。

セミナーでは学生は、自分の研究の成果を順番に発表し、その発表に対してクラスのメンバーは批判したり討論したりする。それゆえ発表者は、自分の同輩者にも先輩に対しても、自分の見解を守っていくことを学ぶ。この時教師はあくまで司会役で、最後に討論の要点をまとめ、何かあれば助言を与える。

学生の関心や能力は無限に拡がる可能性をもっているし、彼らの独創性も発展するチャンスを秘めている。だからこのセミナーは、学生と教師が力をもっていれば、かなりのレヴェルまで学生の能力を伸ばすという効果をもたらす。特にこのセミナーは、文学を教えることにおいて価値がある。というのは、セミナーではさまざまな考え方、さまざまな関心、さまざまな好み、さまざまな経験、さまざまな評価が出てくるから、それらをうまく使って文学作品を味わうことができる。

⑨　英文学を学んだ学生は、日本と英国の絆を強める

国にとってマネーは重要だが、しかし国の品性と英知は、国の進歩にとってマネーよりも価値がある。英国が、英語圏の外で英語を学んでいる学生に対して与えなければならない最上のものは、優れた英文学の中に具体的に示されている高貴な思想と高い理想である。

将来、日本と英国は、政治、商業、そして他の分野でも共通の関心をもち続けるだろう。英文学に親しんだ日本の知的な学生の誰もが、日本と英国の恒久的な同盟(7)のなかで貴重なリンクとなる。おそらくその日本人学生の何人かは、英国の最上の書物を日本語に翻訳して日本中にそれを拡め、そのリンクを強めるだろう。そしてまた、日本文学の深い思想や高い理想を英語で表して、日本と英国、東洋と西洋の間の絆を強めるであろう。

〈以上で紹介終わり〉

ヒューズは、英文学の専門家ではなかった。しかし彼女は、開学したばかりの日本女子大学校英文学部（当時の呼称）の教壇に立ち、英文学を学ぶことに胸を膨らませて入学してきた明治期の女子学生にアーサー王物語などを講じたのである（本書第二章の「6　ヒューズの英国への報告」を参照）。それゆえ、ここに紹介した彼女の考えには、彼女のその特殊な経験と特殊な意図が反映されている。

この書の前半は、「日本人学生に英文学を教えることについて」というテーマを掲げた時に通常予想されるものとは違った特徴を明らかに有している。ヒューズは、女子学生に対して、彼女たちが英語・英文学を単に教養として、あるいは嫁入り道具として学ぶのではなく、それらを学ぶことによって家庭の外の世界を知り、英国文化を理解し、英国女性の進歩の状態を学んで、ゆくゆくは日本女性も従属した状態から抜け出て自立した女性に

なっていくことを期待していた。その大きな期待が、この書の前半のなかにあふれ出て、「②女子学生は文学作品から何を得るか」「④日本の女子学生は英文学を学ぶべきだ」に記された文章を生み出したのであろう。それは、この書を特異なものにしている。

またヒューズは、「詰め込み教育、暗記主義という古い中国の伝統が、多くの学校を支配しています。新しい教育方法は、日本にはまだ入ってきていません」と、同じく英国への報告のなかで述べているが、教育の内容だけでなく、この書のなかに見られる「⑥文学演習室をつくる」、「⑧セミナーの開催は有益」に書かれた、学生の自主性、独創性を重要視する新しい教育方法は、明治期の高等教育を考えた時、極めて新鮮なものであったろう。日本の高等教育機関で最初にセミナー（ゼミナール）を行ったのは東京高等商業学校（現在の一橋大学の前身）教授福田徳三で、彼はドイツ留学時代に受けた教育体験を真似て、それを一九〇三年に始めたと言明している。[8]

3　成瀬の精読と期待

前述したように、成瀬はこのヒューズの書に、多数のアンダーライン（時には二重線、三重線）を引いたり、頁の余白に短い英文や日本文を書き込んでいる。それらは、成瀬の精読ぶりを伝えると同時に、成瀬がヒューズのどの文章を重視したか、どのような考えに特に関心を抱いたかを示していると思われるので、ここにその主なものを紹介しよう。

a　この書の「②女子学生は文学作品から何を得るか」の所には書き込みが多い。まず成瀬がアンダーラインを引いたのは、「女性は、男性に比べて、多面的で豊かな人生経験をもつことから切り離されている」「母親は、

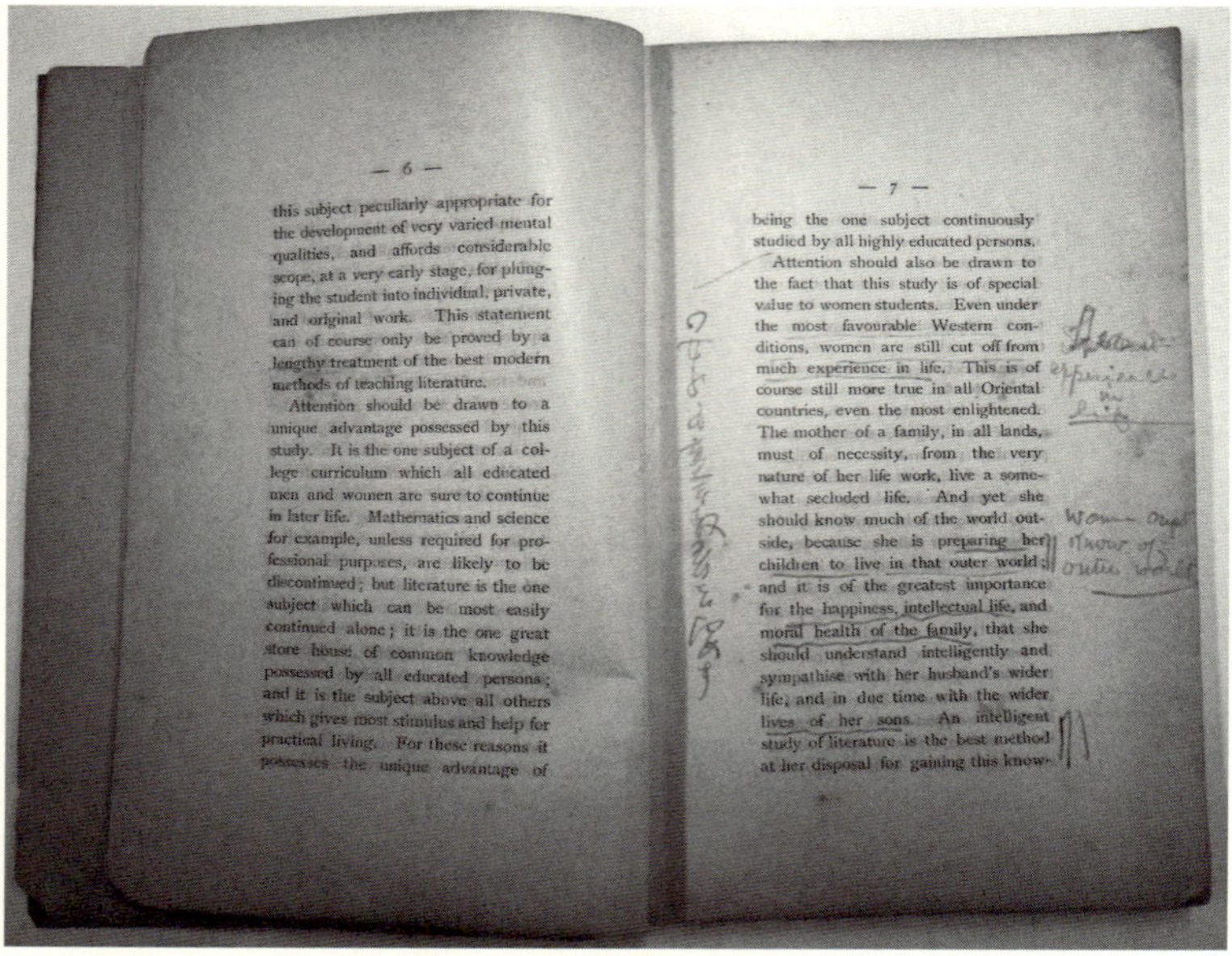
— 6 —

this subject peculiarly appropriate for the development of very varied mental qualities, and affords considerable scope, at a very early stage, for plunging the student into individual, private, and original work. This statement can of course only be proved by a lengthy treatment of the best modern methods of teaching literature.

Attention should be drawn to a unique advantage possessed by this study. It is the one subject of a college curriculum which all educated men and women are sure to continue in later life. Mathematics and science for example, unless required for professional purposes, are likely to be discontinued; but literature is the one subject which can be most easily continued alone; it is the one great store house of common knowledge possessed by all educated persons; and it is the subject above all others which gives most stimulus and help for practical living. For these reasons it possesses the unique advantage of

— 7 —

being the one subject continuously studied by all highly educated persons.

Attention should also be drawn to the fact that this study is of special value to women students. Even under the most favourable Western conditions, women are still cut off from much experience in life. This is of course still more true in all Oriental countries, even the most enlightened. The mother of a family, in all lands, must of necessity, from the very nature of her life work, live a somewhat secluded life. And yet she should know much of the world outside, because she is preparing her children to live in that outer world; and it is of the greatest importance for the happiness, intellectual life, and moral health of the family, that she should understand intelligently and sympathise with her husband's wider life, and in due time with the wider lives of her sons. An intelligent study of literature is the best method at her disposal for gaining this know-

English Literature for Japanese Students に対する成瀬の書き込み
（日本女子大学成瀬記念館所蔵）

子供たちが外の世界（outer world）で生活できるように準備してやらなければならない」という文章に対してであり、その頁の余白には、英語でPleasant experience in life. Women ought [to] know of outer world. さらに日本語で「女子も高等教育を要す」と記している。特に三重線を引いて重要視したのは、「女性にとっては、書物こそが、家庭の外の世界におけるものの考え方を知ることを可能にし、そしてまた、家庭の外の世界の生活を見ることを可能にする窓なのだ」「女性は、文学を知的に学ぶことによって、自分の家庭の義務を正しく果たすための知識を得ることができる」という文章である。

b　この書の「③日本人学生が英語と英文学を学ぶ意義」の所に記されている英語についてのヒューズの記述、すなわち「英語は、商業や旅行において、かつての共通言語であったラテン語の地位を占める言語である」「英語は、柔軟性に富み豊かな表現手段となる言語である」にはアンダーラインが引かれ、特に前者には三重線が引かれている。また英文学の特徴が書かれている頁の余白に、成瀬は profit of English Literature と書いている。

c　この書の「④日本の女子学生は英文学を学ぶべきだ」の所に挙げられた三つの理由のうち、二つ目の理由の文章のほとんどすべてにアンダーラインが引かれている。

d　この書の「⑥文学演習室をつくる」の所のほとんどの文章にアンダーラインが引かれ、特にセクションNにおいては、「小説を読むことによって英国の思想や生活が理解できるし、容易に英語の語彙をふやすことができる」というヒューズの文章には二重線が引かれている。

e　この書の「⑧セミナーの開催は有益」の所の「学生は予習・復習に多くの時間をとらなければならない」「学生は独創的な仕事を行う学者のように個人で研究を進める」に対してアンダーラインが引かれている。

f　この書の「⑨英文学を学んだ学生は、日本と英国の絆を強める」の所の最後の文章「英文学に親しんだ日本の知的な学生の誰もが、日本と英国の恒久的な同盟のなかで貴重なリンクとなる。おそらくその日本人学生の何人かは、英国の最上の書物を日本語に翻訳して日本中にそれを拡め、そのリンクを強めるだろう。そしてまた、日本文学の深い思想や高い理想を英語で表して、日本と英国、東洋と西洋の間の絆を強めるであろう」に対して成瀬は二重線を引いている。さらに、そこに書かれた「リンク」という言葉には、三重丸が付けられた。

このように成瀬が重要視したヒューズの文章に改めて注意を払うと、成瀬は、純粋に英文学を味わうとか英語の表現法やレトリックなどに興味を抱くよりは、英文学を学ぶことの効用、特に女子学生が英文学を学ぶと具体的にどんな効用があるか、に関心をもったようである。また「⑥文学演習室をつくる」における文章の多くにアンダーラインが引かれているのは、次に記すように、成瀬が日本女子大学校英文学部にヒューズの提案を生かして実際に演習室をつくったからであろう。

実は、ヒューズは、『日本人学生のための英文学』に記した数々の提案――文学演習室の設置、セミナーの開催、アーサー王物語・ギリシャ神話・聖書の勉強、英詩の鑑賞など――を、この著書の出版（一九〇二年七月）前に、すでに日本女子大学校の英文学部の教壇に立って実践しており、それは本書第二章の「3　ヒューズの日本女子大学校への貢献」に紹介した「日本女子大学校の英文学部」というタイトルの記事（『をんな』第二巻四号〈一九〇二年四月〉所収）に記録されている。この事実は、ヒューズの並外れた実行力と熱意を示しているが、同時に、開学したばかりの日本女子大学校において、ヒューズの提案を受け入れた成瀬の日本の女子高等教育に対する意欲と期待の一端を、物語るものであろう。

ヒューズの書に引かれたアンダーラインや成瀬による読みにくい字の書き込みを見ていると、この書を読んでますます日本における女子高等教育の重要性を痛感し、さまざまな思いを巡らす「女子高等教育のパイオニア成瀬仁蔵」の姿が浮かび上がってくる。

4　ヒューズは日英を結ぶリンク

ここで大変興味深い成瀬の記述について述べたい。このヒューズの著書の奥付けの裏の頁は白紙であるが、そこに成瀬は次のような英語（英文）を書き加えた。

Hughes' efforts

(1) Teaching (2) Lecturing

(3) Writing (4) Suggesting ideas

(5) Showing examples, her own experience

(6) For future by（判読不能）

(7) She became the link between ―――― ――――

⑹の最後の英語は判読できず残念であるが、⑺はShe became the link between Japan and England. であろう。成瀬はこの『日本人学生のための英文学』を読み終えたあとに、日本におけるヒューズのエネルギッシュな奮闘ぶり（efforts）を思い起こし、これらの英語を書いたと考えられる。

成瀬のこの記述の意味を推測すれば、次のようになるのではなかろうか。

ヒューズの滞日期間は一五か月という短いものであったが、日本女子大学校で教え、北海道から九州までのさまざまな教育機関を視察して講演を行い（そのテーマは、英語教育、英文学の教育、美術教育、女子の体育教育、女性の地位向上の必要性など多岐にわたっていた）[9]、さらに本書の執筆、『英学新報』や『国民新聞』への寄稿など[10]彼女は実に精力的であった。彼女は英国における自身の教育経験を語り、日本の教育家にさまざまな提言を行って日本人を刺激したのだ。彼女は、まさに日本と英国を結ぶリンクとなったのである。

成瀬は、ヒューズの書の前半部分の最後の記述「⑨英文学を学んだ学生は、日本と英国の絆を強める」を読んだ時、そのなかの「英文学に親しんだ日本の知的な学生の誰もが、日本と英国の恒久的な同盟のなかで貴重なリンクとなる」という文章に、とりわけ「リンク」という言葉に心動かされたのであろう。すでに述べたように成瀬は、その「リンク」という言葉に三重丸を付けている。そのことが、She became the link between Japan and England.（彼女は、日英を結ぶリンクとなった）という文章を成瀬に書かせた、と言っても過言ではあるまい。さらに、それは成瀬の心のなかで、締結を見たばかりの「日英同盟」と結晶し、ヒューズの送別会において成瀬が読み上げた文章「嗚呼政治上の日英同盟は已に政治家の手に成りぬ　教育上の日英同盟は正に女史の手に成らん哉」（本書第二章の「7　盛大なヒューズのサヨナラ・パーティと『彪斯《ヒューズ》女史を送る文』」で紹介した成瀬の「彪斯女史を送る文」を参照）に発展し、ヒューズを称えたのではなかろうか。

5　英文学教育の揺籃期に書かれた『日本人学生のための英文学』

英国における著名な事典の一つ『オックスフォード英国伝記事典』(*Oxford Dictionary of National Biography*, 2004) 中のヒューズの項を読むと、そこには、ヒューズが書いた発行年不明のパンフレット『大多数の子供たちの教育』(*The Education of the Majority*) と、同じくパンフレット『ウエイルズの教育の未来』(*The Educational Future of Wales*, 1894) は紹介されているが、著書と言えるものについては何の記述もない。この二〇〇四年版の前身である一九九三年版[11]の『英国伝記事典』におけるヒューズの項には、She wrote no books. とあり、彼女には著書がないと断定している。

現在ケンブリッジ大学の正式なコレッジの一つとなっているヒューズ・ホール (Hughes Hall) は、本稿の主人公、すなわち英国女子高等教育のパイオニア、エリザベス・P・ヒューズに敬意を表して命名されたものであるが、⑫そのヒューズ・ホールの歴史を説いた *Hughes Hall 1885–1985* by Margaret Bottrall (Cambridge: Rutherford Publications, 1985) にも、「ミス・ヒューズは、教育書に序文を記したり、パンフレットを書く以外には、ほとんど出版物を出していない」(三一頁) とある。

さらに、一九世紀のケンブリッジにおける教師の養成を論じた研究書 *Teacher Training at Cambridge: The Initiatives of Oscar Browning and Elizabeth Hughes* by Pam Hirsch and Mark McBeth (London: Woburn Press, 2004) は、「ヒューズには、教育についての主著はない。彼女は、どちらかと言えば実践的な人だった」(二〇三頁) と記しており、この書の巻末に並べられたヒューズの執筆目録も、教育に関するパンフレットなど一二点を数えるのみ。本稿で取り上げている *English Literature for Japanese Students* は、その姿を現すことはなかった。

最後に、ヒューズの逝去 (一九二五年一二月一九日) を報じたロンドン発行の *The Times* (一二月二一日、一八頁) の記事は、二五行にわたる文章の終わりに「ミス・ヒューズは、たくさんの教育に関するパンフレットを発表し、また教育書に各種の短文を寄稿した」とだけ記して追悼の筆をとどめたことを述べておこう。

以上のことから、英国では、ヒューズは主に教育実践の人として認識されてきたことがわかる。おそらく、本稿で論じている『日本人学生のための英文学』は、英語で書かれてはいるものの、日本で出版されたために、情報通信技術が今日のように発達していなかった二〇世紀初頭においては、英国には伝えられることがなかったのであろう。

となると、ヒューズが初めて書いた著書と考えられる、これまで知られることがなかった二一七頁の『日本人学生のための英文学』は、日本人にとっても英国人にとっても貴重な一冊と言えるだろう。当時、この書が、どのくらいの部数発行されたか、どの程度読まれたのかは、それを知る手段を私は手にしていない。しかし、ここで、この書が東北大学附属図書館の「漱石文庫[13]」に入っているという興味深い事実について述べよう。

私は、二〇一一年の夏、東日本大震災による傷跡が生々しい東北大学を訪れ、「漱石文庫」が所蔵する洋書 *English Literature for Japanese Students*（函架番号　二八一）を手にした。以下に、その時知りえたことを列挙すると、

① 本の状態は、最初は閲覧を断られるほど劣化していた。

② 奥付に記された発行年月日が、「明治三十五年七月七日初版　明治三十五年八月十七日再版」と記されており、漱石文庫所蔵のこの書は再版本であることが判明。

③ 表紙の裏に、「東北帝国大学図書館　昭和一九年二月二五日受入」という大きな丸い図書館印が押されている。

④ すでに述べたように、この書の七三―七六頁には英文学史上重要な作家七六人の名前が印刷されているが、そのうちの何十人かに、鉛筆で×印が書き込まれている。「漱石文庫」担当の図書館員によれば、この×印の書き込みが誰によって、何のためになされたかは不明とのこと。

夏目漱石の年譜を見ると、漱石は、ヒューズのこの本が出版された一九〇二（明治三五）年には英国に留学中であった。彼は翌年の一九〇三年一月に帰国、四月から旧制の東京帝国大学文科大学と第一高等学校で英文学や英書講読を教えているから、ヒューズの本のタイトル *English Literature for Japanese Students* は、彼の心を惹きつけるものであったのだろう。東北大学附属図書館が出している「漱石文庫」についての解説にも、「蔵書の殆どが、漱石が実際に手に取り読んだ本、あるいは読もうとした本である点が漱石文庫の最大の特徴であり

……」とある。

ヒューズのこの書は、私が調査の対象としてきた日本女子大学成瀬記念館所蔵の一冊と「漱石文庫」に所蔵されているものの他に、現在どこに、どのような状態で保存されているのだろうか。私が知り得た情報は、

①　金沢大学附属図書館

旧制第四高等学校の図書として初版本が保存されている。表紙は消失しているが、中表紙の右側に「明治三五年七月十二日ヒュース嬢寄贈」と毛筆で書かれている。

②　京都大学吉田南総合図書館

旧制第三高等学校の図書として初版本が保存されている。本の状態は劣化が激しく、数頁の複写にも耐えられないとのことであったが、京都大学吉田南総合図書館からの情報によれば、この書は、旧制第三高等学校に一九〇二（明治三五）年から一九〇六（明治三九）年にかけて設置されていた第四臨時教員養成所が入手したもの。

③　京都府立図書館

貴重書として保存されているが、表紙も奥付も消失。ハード・カバー製本がなされている。中身は九頁目から始まっている。

④　神戸女学院大学図書館

明治三五年七月七日発行の初版本が所蔵されている。

⑤　津田塾大学図書館

明治三五年八月一七日発行の再版本が所蔵されている。中表紙に「大正一三年三月川島ハル子夫人の寄贈」と書かれた楕円形の印が押されている。

明治期に再版もされた（一九〇二年七月七日初版、同年八月一七日再版）ヒューズの『日本人学生のための英文学』は、日本における英文学教育、英語教育の始まりを考えた時、注目すべき一冊であることは言うまでもない。ヒューズは、英語教育に関しては、「帝国教育会英語講習会」などを中心に全国各地で英語教育について講演を行い[14]、帰国後も、日本における最初の英語教育専門雑誌『英語教授』（*The English Teachers' Magazine*, 1907）にThe Teaching of English to Japanese in Japanという論文[15]を寄稿している。

しかし、日本でようやく始まった英文学教育に対して、この書がどのような影響を与えたのか、ということを実証的に辿るのは大変難しい。先に少し触れたように、この書が出版された翌年（一九〇三〈明治三六〉年）の四月に漱石が東京帝国大学文科大学の英文科の教壇に立ち、ジョージ・エリオットの『サイラス・マーナー』の講読と「英文学概説」の講義をしており、その漱石は日本の帝国大学で英文学を教えた最初の日本人であった。そして亀井俊介の『英文学者　夏目漱石』（松柏社、二〇一一年）中の文章「漱石が教壇に立つようになった頃には、いろんな大学が望ましい英文科のあり方をいろいろ探り始め……」（XV頁）を参考にすると、ヒューズの『日本人学生のための英文学』は、揺籃期の英文学教育の一面を表すと言えよう。

そして、確実に言えることは、現在日本女子大学の成瀬記念館に保存され、成瀬によるたくさんの書き込みがあるヒューズの『日本人学生のための英文学』は、英国で女子高等教育の発展のために奮闘し、来日後は、開学したばかりの日本女子大学校の英文学部の教壇に立ちながら創立者成瀬を助けたヒューズと、日本の女子高等教育の確立を目指して格闘した成瀬との強い結びつきを実証する稀なる、珍重すべき史料だということである。

追記　ヒューズの小冊子出現

本書の校正段階で、日本女子大学所蔵の成瀬が所有していた多くのパンフレット類のなかから、突然、ヒューズが書いた英文の小冊子が出現した。それには、写真に見られるように、赤鉛筆でたくさんのアンダーラインが引かれ、頁の余白部分には成瀬独特の読みにくい漢字も書かれている。ここでは、その成瀬が精読したもう一つのヒューズの著述を簡単に紹介したい。

三二頁から成るこの小冊子のタイトルは、*The Education of the Majority* で出版年は不明だが、印刷された場所は、ヒューズの生誕地である南ウエイルズの Carmarthen である (Printed by W. Spurrell & Son, King Street, Carmarthen)。冒頭の文章は次のとおり。

英国の子供たちは、大ざっぱに言うと三つの階層に分けられる。遺伝か環境、あるいは両方が原因で、知能が平均以下の少数の子供たち。知能が平均以上の少数の子供たち。そして、丁度平均的な知能をもつ大多数の子供たちである。

であるから、この小冊子のタイトルを日本語でわかりやすく書くと、『知能が平均的な大多数の子供たちの教育』ということになるであろう。

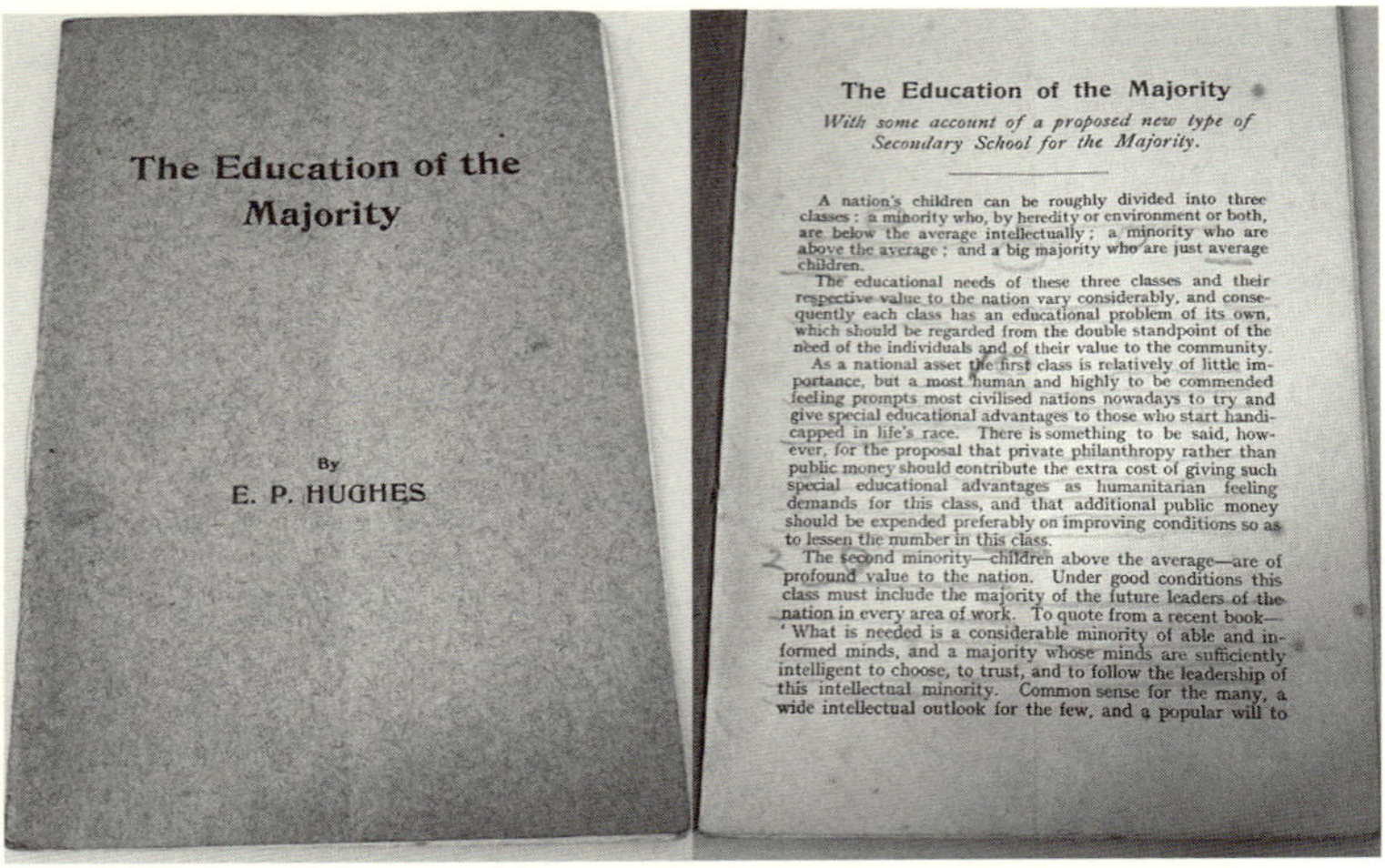
The Education of the Majority

By

E. P. HUGHES

The Education of the Majority

With some account of a proposed new type of Secondary School for the Majority.

A nation's children can be roughly divided into three classes: a minority who, by heredity or environment or both, are below the average intellectually; a minority who are above the average; and a big majority who are just average children.

The educational needs of these three classes and their respective value to the nation vary considerably, and consequently each class has an educational problem of its own, which should be regarded from the double standpoint of the need of the individuals and of their value to the community.

As a national asset the first class is relatively of little importance, but a most human and highly to be commended feeling prompts most civilised nations nowadays to try and give special educational advantages to those who start handicapped in life's race. There is something to be said, however, for the proposal that private philanthropy rather than public money should contribute the extra cost of giving such special educational advantages as humanitarian feeling demands for this class, and that additional public money should be expended preferably on improving conditions so as to lessen the number in this class.

The second minority—children above the average—are of profound value to the nation. Under good conditions this class must include the majority of the future leaders of the nation in every area of work. To quote from a recent book—'What is needed is a considerable minority of able and informed minds, and a majority whose minds are sufficiently intelligent to choose, to trust, and to follow the leadership of this intellectual minority. Common sense for the many, a wide intellectual outlook for the few, and a popular will to

ヒューズが書いた珍しい小冊子 *The Education of the Majority* の表紙と赤鉛筆を使った成瀬の書き込み（日本女子大学成瀬記念館所蔵）

ヒューズは、知能が平均以上の少数の子供たちは英国にとって大変価値ある存在で、環境が良ければ、彼らは将来多くの分野で英国のリーダーとなるであろう、とまず述べている。しかし、この小冊子で彼女が主張しているのは、英国は、平均的な知能をもつ大多数の子供たち——その多くは労働者階級の子供たちである——の教育をもっと真剣に考え、大多数の子供たちの進歩を促すことにエネルギーを注ぐべきだということだ。

国の教育のあり方は、その国の人種の特性と歴史の産物であり、また、その国がもつ理想によって大いに影響されるが、教育は、子供の発達段階に応じて、六歳から一二歳までの初等教育（Primary Education）と、一二歳から一七歳、または一八歳までの中等教育（Secondary Education）に分けられるべきで、すべての子供たちは、前述の三つの階層のどこに属していても、この二つの段階の教育を受けるべきだ、とヒューズは記している。特に、一二歳から一七歳、または一八歳の子供たちに与える中等教育は大変重要で、教師は、他の時期の子供たちからは考えられないほどの効果を上げることができる。

だが、英国における義務教育は一二歳までであり、現状では、一四歳から一六歳までの間に（一四歳が多い）、平均的能力をもつ大多数の子供たちは生活の資を稼ぎ始めるのだ。そこでヒューズは、大多数の子供たちにも人生において大きな意味をもつ中等教育を与えようと、従来のものとは異なるまったく新しいタイプの中等教育の学校（彼女は、それをミドル・スクールと呼ぶ）をつくろうではないか、と提案している。

そこでは、一般教育と高度な技術教育が行われ、学ぶことを愛する子供、そして自分の生涯の仕事を見つけることができる子供を育てていく。また、その学校は、朝九時から夜七時まで開いており、補習教育が自由に行われ、働きながら週の何時間かは学校で勉強ができるようにするなど、さまざまなプランを述べている。そして、このようなミドル・スクールの教育は、少女たちに対しても行われるべきであり、この時期の少女は、他のどの時期よりも、賢明で強い女性の指導を必要としているから、共学ではなく別学にして、そこでは経済学、衛生、看護などをも含む家庭づくりの基礎技術を一般教育と並べて教える。ヒューズは、この小冊子の最後に、次のように述べている。


過去においては、教育がもたらす真の利益はごく少数の人にしか与えられてこなかった。しかし、大多数の子供たちにも真の教育の利益がもたらされれば、民主主義、あるいは今日の哲学思想は、見事に実を結ぶだろう。現在は、労働者階級の人たちが、自分たちの子供には良い教育を与えたいと願っているから、希望の光は見えている。……文明国の若い人たちのすべてが、過去の継承者として、また未来づくりの人として自分たちを見なす、あるいは見なされる権利をもっている。……その意味で、大多数の子供たちに中等教育を与えることは特別に価値あることなのだ。

ヒューズは、本書の第二章で詳述したように、女子教育の発展のために中等教育を担う優秀な女性教員を育てることを目的とした「ケンブリッジ女子高等師範学校（Cambridge Training College for Women Teachers）」の初代校長であった。それゆえ彼女は、他の誰よりも、中等教育の意義を深く真剣に考えていただろう。だが、ヒューズが活躍した一九世紀終わりから二〇世紀初めの英国は、階級社会であり、しかも、労働者階級の人たちがその人口の多数を占めていたのである。そのなかで、労働者階級の子供たちにも中等教育を与えよというこの小冊子の主張は、当時としては実に画期的なものであったろう。また、このヒューズの考えには、メソジスト派の牧師であり、労働者たちの解放を主張する社会改革者でもあった彼女の兄 Hugh Price Hughes の影響も少なくなかったと思われる。

この小冊子の発行年は、前述したように不明であるから、日本女子大学校校長の成瀬が、いつ頃これを手にしたのかはわからない。しかし、成瀬は、日本女子大学校附属の高等女学校校長として中等教育にも関わっていたから、国が異なっても、ヒューズが主張する中等教育論には多くの関心を寄せたのではなかろうか。赤鉛筆で記されたアンダーラインは、成瀬のこの小冊子に対する熱意を伝えるものである。特にその熱意は、少女に対する中等教育が論じられている頁におけるアンダーラインの数と赤鉛筆の色の濃さに表れている。また、ヒューズの書いた「中等教育を受ける少女は、他のどの時期よりも、賢明で強い女性の指導を必要としている」という文章の余白には「女學校長」と書いているから、女性の校長の必要性に思いを巡らしたのかもしれない。

コラム

成瀬仁蔵と日本女子大学校の開学

日本女子大学校の創立者成瀬仁蔵は、長州藩士の長男として現在の山口市吉敷に生まれた（一八五八年）。吉敷郷校憲章館に学び、山口県教員養成所を卒業（一八七六年）、小学校に奉職。同郷のプロテスタント宣教師沢山保羅に導かれ、大阪の浪花公会（現在の浪花教会）で受洗（一八七七年）。浪花公会と梅本町公会（現在の大阪教会）によって創立された梅花女学校（現在の梅花女子大学の前身）の主任教師となり、女子教育の一歩を踏み出す（一八七八年）。そして、キリスト教信仰に基づいた処女作『婦女子の職務』を出版（一八八一年）。その後教職を辞して牧師となり、大和郡山教会や新潟第一基督教会（現在の新潟教会）の初代牧師として活躍、さらに新潟女学校、北越学館（男子校）の創立にも加わった。

一八九〇年一二月、三二歳で渡米、アンドウヴァー神学校、クラーク大学で神学、宗教学、社会学、教育学などを学び、各種の社会施設などを視察、特に米国で女子高等教育が具体化されているのを目の当たりにし、現在セブン・シスターズとして名高い東部の名門女子大学、ヴァサー、スミス、マウント・ホウルヨウク、ブリン・マー、ウエルズリィなどを観察、研究している。

丸三年間の留学から帰国後（一八九四年）、一時、梅花女学校の校長となったが、女子高等教育の必要性を力説し日本女子大学校の設立運動に大きな力となった『女子教育』（一八九六年）を出版、念願の女子高等教育機関の設立運動に邁進する。その道は決して順調ではなかったが、『日本女子大学学園事典』によれば、五八名の発起人、三二名の創立委員、七百余名の賛助員の強力な援助を得、ついに一九〇一年四月二〇日、三つの学部（家政学部、国文学部、英文学部）によって構成された、女子高等教育機関たる日本女子大学校が、その開学の日を迎えた。

その教育方針は、第一に女子を人として教育すること、第二に婦人として教育すること、第三に国民として教育することであり、成瀬はこの順番を誤ってはならないとしている。そして、精神教育、人格教育、学生の自治活動、生涯教育などを重視し、また積極的に奨励した体育教育においては、スウェーデン体操、仏式デルサート体操、英国の表情体操などを導入し、「社会性」の育成をも考慮し、チームワークを必要とするバスケットボール、ベースボールなどを採用した。

成瀬は良妻賢母主義者ではない。成瀬は、「（良妻・賢母）之等は畢生《ひっせい》の目的とすべき全体にはあらずして、僅かに一部分を指せるものなり」と述べ、「諸子が卒業後、大学出身の名に相応する所の有力なる婦人となり、社会に率先して世人を導き我が国の教育、及び延《ひ》いては東洋の知識をも開発せられん事を切望するなり」と高等教育を受けた女子学生が社会の先導者となるよう大きな期待を寄せた（『成瀬仁蔵著作集』第二巻、二七二、二七三頁）。一九一九年二月、六〇歳の成瀬がその死を目前にして書き遺した「信念徹底」「自発創生」「共同奉仕」は、教育の三綱領として現在に引き継がれている。

創立当時の日本女子大学校は、制度上は「各種学校令」によって認可されたが、「専門学校令」の公布により一九〇四年には、高等教育機関としての専門学校となる。成瀬の長年の念願であった女子大学、すなわち日本女子大学が誕生したのは、女性の大学入学が認められた戦後の一九四八年四月であった。

第四章

四〇年間日本女子大学校の教育に献身した英国女性宣教師フィリップス

はじめに

全世界に赴いて

すべてのつくられたものに福音を宣べ伝えよ

――フィリップスの愛誦句

（マルコによる福音書一六―一五）

英国女性エリナ・グラディス・フィリップス（Elinor Gladys Philipps, 1872-1965）は、日本ですでに活動を開始していた英国国教会の聖ヒルダ伝道団（St. Hilda's Mission）に加わるために一九〇一（明治三四）年秋に来日し（二九歳）、St. Hilda's School という英語名をもつ東京の香蘭女学校や、日本女子大学校英文学部（当時の呼称）における教育に献身した。また聖ヒルダ伝道団の活動の場として東京小石川に設立された暁星寮――寮生のほとんどが日本女子大学校生であった――の寮監役も引き受け、女子学生たちと寝食を共にしながらクリスチャンとしての生き方を身をもって示し、上代タノ（のちの日本女子大学学長）、岡上千代（のちの日本聖公会ナザレ修女会修女）、三田庸子（日本最初の女性刑務所長）など卒業後に社会に大きな貢献をした学生や敬虔なクリスチャンを多数教育している。さらに、暁星寮の学生たちと一緒に通った東京牛込の聖バルナバ教会や目白聖公会の発展にも尽くし、彼女の真摯な求道者としての姿は、当時の日本人クリスチャンの手本と言われた。

フィリップスは、一九四一（昭和一六）年五月、太平洋戦争直前の国際的対立のなかで帰国を余儀なくされたが、その約四〇年という長きにわたる日本滞在についてこれまで書かれた文献は、きわめて少ない[1]。私が知る限りでは、暁星寮でフィリップスと共に生活した寮生たちがフィリップスの逝去後一年目に発表した追悼文集『おもいで』（江幡知和子・須藤一枝編、私家版、一九六六年）と、影山礼子の「エリノア・G・フィリップスの資料を求めて」（『国際武道大学紀要』、一二号、一九九六年）のみである。

『おもいで』は、三五篇のフィリップスを偲ぶ文章を集めたもので、扉に「ミス・フィリップスの霊にささぐ　一九六六年五月十二日　暁星寮会」とあり、帰国直前のフィリップスの写真を掲載した頁に続いて、

先生を知る凡ての者が胸深くやきつけられているのは先生の至誠と愛の精神であり、徹底した正直さと親切であると思う。（上代タノ）

上代タノに贈られた英国女性宣教師
E. G. フィリップスの写真
（日本女子大学成瀬記念館所蔵）

当時はまだ封建時代にて女性に対しては、つつましさが強制されておりまして、存分に高声で笑う事は見られません時代でした。私は暁星寮に入寮致して先ず嬉しく感じました事は、フィリップス先生がお笑いになる時心から嬉しそうに楽しそうに高らかな良いお声で精いっぱいにお笑いあそばす御様子でした。（平野愛子）

真に先生は模範的なクリスチャンでした。私は先生の御生涯を見て神を賛美いたします。(岡上千代)

など、フィリップスに対する個人的な思い出の文章が並べられている。

影山論文には、フィリップスの母校、ケンブリッジ大学ニューナム・コレッジ(Newnham College)や大学図書館が所蔵するフィリップスに関する資料——彼女の経歴の詳細や彼女のコケムシ群体に関する論文——が収録され、また、彼女が眠る墓地(Churchyard of All Saints, Woodham, Surrey)の写真も掲載されている。

私は一九九一年に、オックスフォード大学ロウズ・ハウス・ライブラリィ(Rhodes House Library)[2]で、明治期に来日した英国国教会宣教師が日本から本国の伝道本部に書き送った書簡や、その書簡を印刷した伝道雑誌を多数読む機会に恵まれた。そのなかには、フィリップスの書簡もあり、それは、聖ヒルダ伝道団の活動を経済的・精神的に支えていたロンドンのセント・ポールズ・ギルド(St. Paul's Guild、以下ギルドと記す)発行の『ギルド・年報』[3]に掲載されていた。フィリップスたち伝道団のメンバーには、年に数回、日本における活動をギルドに報告するという義務が課せられていたのである。彼女の報告の内容は、暁星寮におけるキリスト教教育の状況が主であるが、日本女子大学校とその学生たちについて、成瀬仁蔵校長について、そして日本の女子高等教育、目白聖公会などについても記され多岐にわたっている。それは、キリスト教伝道という重い使命を担って二九歳という若さで異文化の極東の地にやってきた英国女性フィリップスが、約四〇年間の日本滞在中にどのような抱負を抱き、どのようなことを喜び、どのようなことに悩んだか、その一端を鮮やかに映し出す貴重なドキュメンタリィ・フィルムであった。

私は、日本では未だ使用されたことがない、ギルドの『ギルド・年報』に印刷されたフィリップスの書簡約五〇通を幸運にも通読することができたので、ここでは、その一部を使って、英国で高等教育を受けた稀なる女性宣教師フィリップスが、日本の女子高等教育の揺籃期において、どのような活動をしたのかを紹介し、その活動の意義を考えてみたい。また、日本女子大学成瀬記念館（本書第三章注2を参照）は、フィリップスの成瀬校長宛英文書簡九通と、上代宛英文書簡約三〇通を所蔵しているので、それらの貴重な書簡も必要に応じて引用することとしたい。

1　聖ヒルダ伝道団

一八七二年に牧師の家に生まれたフィリップスの略歴は、本章末尾の「E・G・フィリップス年譜」に記したとおりであって、彼女は、一九歳の秋、ケンブリッジ大学の女子コレッジの一つニューナム・コレッジに入学して自然科学を専攻、来日直前には、ニューナム・コレッジに所属する学生に動物学を教えていた。フィリップスの南太平洋リーフ島の動物に関する論文は、英国ロイアル・ソサイアティから出版されており、研究者としての彼女の前途は大いに期待されていたという。

そのフィリップスがなぜキリスト教伝道に献身するようになったのかについて、上代は、前述の『おもいで』のなかで、

先生の父君は牧師であった。ある日曜日、当時十歳の先生は母君に伴われて教会に行き、父君の説教を聞

かれた。その教題は「遠く世界の果てに行き、神の教えを宣べ伝えよ」というのであった。先生ははじめて自分の使命を悟り、急ぎ帰って自分の日記に、大きな子供らしい文字で、他日成人した暁には必ず今日聞いた父上の教訓を実行するのだ、という決心を記されたということである。

と書き、その決心は、「ケンブリッジに入学された頃には、もう何としても動かすことの出来ぬ念願になっていた」と記している。彼女の父親（George Philipps）は彼女が一三歳になる頃までは、イングランド、ドーセット州にあるウィンフリス教会（Church of Winfrith）の牧師であった。この教会が、海外伝道に熱心であったG・モウバリィ（Moberly）主教の活躍の場ソルズベリィ（Salisbury）大聖堂の教区内にあったことを考えると、当然ながら彼女の父親はモウバリィの考えや仕事の支持者であったろうから、娘である彼女が子供の頃からキリスト教伝道に目覚めていたとしても不思議ではない。

彼女がケンブリッジに入学したのは、一八九一年であった。一九世紀後半は、英国国教会の海外伝道の最盛期であり、たとえば、英国最大の伝道団体CMS（Church Missionary Society）が発行した伝道報告雑誌 *Church Missionary Intelligencer* と *Church Missionary Gleaner* の一八九六年における合計月間発行部数は、何と九万部にも達している。[4]

こういった海外伝道は、このような伝道団体によって担われただけではない。ケンブリッジ・オックスフォード両大学出身者たちによるユニヴァーシティ・ミッション[5]の存在も、特に東洋における伝道を考える時、重要である。一八七〇年にケンブリッジ大学の神学の教授に就任した著名な聖書学者ウェストコット（Brooke F. Westcott）は、英国国教会の東洋伝道において大学が果たさねばならない使命を熱心に説き、西洋とは異なる歴史、文化、宗教をもつ東洋人にキリスト教を教えるには、東洋の古い信仰を深く理解すること、東洋人独特の宗教本能に心から共感を抱くこと、キリスト教がもつ社会的な力を明確に評価することが必要であり、東洋伝道という困難な仕事の最前線に立てるのは、ケンブリッジ・オックスフォードの大学人だ、と檄を飛ばしている。

実は、このウェストコットの考えに強く影響されたのが、一八八六（明治一九）年に来日し、日本聖公会という組織を結成させることに大きな貢献をしたケンブリッジ大学ペムブルク・コレッジ（Pembroke College）出身のビカステス[6]（Edward Bickersteth）であった。彼は東京芝の聖アンデレ教会で南東京地方部主教として活躍、さらにケンブリッジ・オックスフォード両大学出身者の男性に呼びかけ日本にユニヴァーシティ・ミッション（聖アンデレ伝道団と名付けられた）を創立、同時に幾人かの優秀な英国女性を日本に招いて聖ヒルダ伝道団を設立した。

フィリップスが聖ヒルダ伝道団のメンバーになったのは、前述したように彼女の来日の年、一九〇一（明治三四）年であるが、この伝道団は、ビカステス主教がソーントン（Elizabeth Thornton）とヒクス（Braxton Hicks）を最初の正式なメンバーとして受け入れた一八八七（明治二〇）年一二月五日にすでに結成されている。そして数年後には英国人女性のメンバーは八人となり、さらに一八九二（明治二五）年には日本人女性二人（磯部曽代子、酒井正栄子）も加わって東京麻布に本部を置き、順調な発展をみた。ちなみに、ビカステス主教の聖ヒルダ伝道団の設立は、津田梅子の「キリスト教の教えこそが、日本女性の地位向上に大きな意味をもつ」という考えに影響されたものと言われている。[7]

フィリップスが来日した一九〇一年頃の聖ヒルダ伝道団の活動内容を記すと、(一)日本人の女性伝道師の養成(二)St. Hilda's Schoolという英語名をもつ香蘭女学校（東京麻布）の生徒約一〇〇名の教育(三)クリスチャンの少女に自活の道を与えるために裁縫や刺繍を教える学校の開設　㈣孤児のための施設の開設　㈤老人施設の開設などであった。

これらを見てもわかるように、聖ヒルダ伝道団の仕事の主体は日本女性に対するキリスト教教育であって、ケンブリッジ大学の女子コレッジ出身という英国の女子高等教育の体験者フィリップスを迎えたこの伝道団は、今度は日本の女子高等教育機関に学ぶ学生を対象とした暁星寮の開設を目指していく。その暁星寮については後述したい。なおヒルダとは七世紀に現在のイングランドで修道院長として活躍した女性の名前で、彼女はこよなく学問を愛し、「教育の聖人」と呼ばれて崇められたと言われている。

ここで聖ヒルダ伝道団の財政問題について簡単に触れておこう。聖ヒルダ伝道団は、前述した男性の聖アンデレ伝道団と並んでビカステス主教の私的な伝道団体であり、これら二つは、ロンドンのセント・ポールズ・ギルドによって支えられた。一九〇五（明治三八）年には約三千名の会員をかかえたこのギルドは、英国全土に支部をもち、その収入源は、会員の寄付、出版物『ギルド・年報』の売り上げ、臨時の大口寄付――たとえば、ヴィクトリア時代の著名な旅行家で『日本奥地紀行』の著者イザベラ・バード（Isabella Bird）からの五〇〇ポンドの寄付――などであった。会員には、フィリップスなど伝道団のメンバーがギルド宛に書き送った活動報告やその年の決算報告が掲載された『ギルド・年報』の購読が義務づけられている。このギルドが聖ヒルダ伝道団の新しい仕事の場、暁星寮に関して支出した項目を詳しく調べてみると、暁星寮の開設費、土地代、図書費、寮母への給与、フィリップスの渡航費などの項目がある。

2　香蘭女学校と日本女子大学校の生活

一九〇一年一一月、フィリップスは、当時、東京麻布永坂町にあった香蘭女学校（一八八八年創立、現在は品川区旗の台にある）の教師となった。この学校はビカステス主教が今井寿道司祭に設立を依嘱した日本聖公会系の学校で、聖ヒルダ伝道団のメンバーがその教育の一部を担当した。香蘭の『春秋乃香蘭　創立七十周年記念号』（一九五八年）に八六歳のフィリップスが英国から寄稿した「セント・ヒルダズ・スクール初期の思い出」を読むと、

> 私は英語で自然観察を教えましたが、多くの生徒が動植物の生活について見事な絵を描いたことを思い出します。一人の生徒は、とても熱心で、ある日、生きたカタツムリを着物の「ソデ」の中に一杯いれて学校に来ました。当時は、体操とか戸外運動を行った学校は、ごくまれでした。私はその必要を感じましたので、英語でスウェーデン体操を教え始めました。

とあり、彼女が明治期の女子教育には欠けていた自然観察や運動の楽しさを生徒たちに教えたことがわかる。

彼女は、香蘭女学校の他に、女子英学塾（現在の津田塾大学の前身）の教壇にも立った。津田塾大学の記録によれば歴史を教えたとのことであるが、彼女自身のギルド宛書簡には、ミッション・スクール出身者が多い女子英学塾で聖書を教えていると記されており(9)、この授業における彼女の感想は、本書第一章の注50を参照されたい。

フィリップスが正式に日本女子大学校の英文学部教授となったのは、一九〇三（明治三六）年四月であった。(10)上代によれば、

先生はその生涯のほとんど凡てをこゝに捧げられる運命を持たれる日本女子大学をはじめて訪問された。先生は度々その当時の印象を「校門に入った瞬間、そこにみなぎっていた空気に非常に親しみを感じ、丁度母校ケンブリッジに帰った様な感じがし、もし出来るならばこの大学で一生を捧げて働き度いという念願が胸に湧いた」と語っておられる。(11)

とある。彼女は、一週に八時間英語のクラスを担当し、全部で七八人の学生と接していることをギルドに報告している。(12)

ここで、日本女子大学校の教壇に立った直後のフィリップスが、この学校について書いたギルド宛書簡の一部を紹介したい。

成瀬校長は、米国の女子教育について特別の研究を重ねたあと、ついにこの日本女子大学校を一九〇一（明治三四）年に開校なさったのです。この女子大学校を目指して大勢の人が突然に押し寄せてくるとは、おそらく誰も予期していなかったでしょう。最初は五〇人か六〇人くらいの学生と勉強を始めようと期待していたのですが、二〇〇人以上の人が入学を志願してきました。他方、女子大学校附属の高等女学校には、三〇〇人が入学したのです。現在の全学生数は八〇〇人です。すなわち、女子大学校に三〇〇人、高等女学

校に四〇〇人、そして英語予備科に一〇〇人です。予備科とは、女子大学校に入学するには学力が不足していて、高等女学校入学には年齢が高過ぎる人たちのためのコースです。女子大学校は三年制で、その課程は米国の学校のものをある程度モデルにしています。学生は、家政学部、国文学部、英文学部のどれかに入ります。実験室が建築された暁には、自然科学を学ぶ学部が加わる予定です。それぞれの学部においていくつかの科目が必修になっていますが、それ以外の科目は学生が勉強したいものを選択できます。また倫理学、心理学、教育史は、どの学部の学生も学びます。

ギルドの皆様方のなかには、日本女性が心理学を学んで家庭に入った時役立つのかしらとか、高等教育が彼女たちの優雅さや魅力を奪うのではないかしら、と質問される方がいらっしゃるでしょう。以前から言われているこのような議論は、英国とは違って日本では行われないのです。日本の女性は数学や心理学を学んだりテニスや自転車を楽しんでいますが、彼女たちの魅力は減じるどころか、むしろ増しているということを保証します。皆様方に御安心頂くために、次のことを申し上げねばなりません。学校が設立した寮に入っている学生は、高等教育を受けているとは言っても、それぞれの寮の家庭的な仕事を自分たちで行い、料理担当者の監督のもとで食事もつくっていると……。

さて、この学校と、ギルドの皆様方、そしてわれわれ聖ヒルダ伝道団とはどんな関係があるのでしょう。それは、こういうことです。ここには非宗教（secular）教育を受けている女性が八〇〇人もいます。その教育は、彼女たちを日本の女子青年層のリーダーにするという役割をもっているのです。この教育の影響力を、反キリスト教的と言うことができるでしょうか。われわれは、彼女たちの能力を伸ばして、それを日本の国のために真の意味で捧げる方法を教えようとしているのです。

学内、あるいは学校が設立した寮では宗教教育は認められていません。しかし学生が学外に出かけて宗教教育を受けることには、制限は加えられていません。成瀬校長や何人かの先生方は、クリスチャンです。そのなかには、われわれに学生の助けになることを行ってほしいと熱望している方々もいます。すでに学生のなかにも、立派なクリスチャンが多くいます。しかしこの周辺には教会がないのです。彼女たちは、導く人がいなければ、押し流されてしまうでしょう。聖ヒルダ伝道団の本部がある麻布から日本女子大学校までは一一キロメートルもあるので、われわれは彼女たちのために、この地域にはキリスト教のクラスをつくることはできないのです。そこで、われわれは、成瀬校長に全面的にお認め頂き、彼女たちのために女子大学校に関わる寮（ホステル）を開設しようとしています。……そのための資金は集まりつつあります。一時的に家を借りようと何軒かの家を見ましたが、それらを、さまざまな理由で断念し、現在は、女子大学校から徒歩二〇分くらいの所の家を手に入れようと思っています。理想的ではありませんが……。その寮でなさねばならぬ仕事は、実にたくさんあると確信しています[13]。

3　暁星寮におけるキリスト教教育

一九〇四（明治三七）年九月、日本女子大学校の近く（東京市小石川区雑司ヶ谷町一〇八）に、聖ヒルダ伝道団によって女子学生のための暁星寮が開設された。この寮こそ、フィリップスが三七年間にわたり、学生と起居を共にしながら全身全霊を捧げてキリスト教伝道という重い使命を果たした中心的場所である。その対象となったのは、寮生だけではない。寮生以外の女性向けのバイブル・クラスも開かれ、日本女子大学校の学生、教師、あ

A ROOM IN S. HILDA'S HOSTEL, TOKYO.

暁星寮の部屋（ロンドン発行の *Guild of S. Paul. Annual Report for 1905*に掲載されたもの）（日本女子大学成瀬記念館所蔵）

るいは近隣の女性たち、誰でも望む者すべてが受け入れられた。そしてまた後には、この場所で、クリスチャン寮生によって地域の子供たちのための日曜学校や、暁星寮の真ん前に設立された東京盲学校（現在の筑波大学附属視覚特別支援学校の前身）の生徒に対するキリスト教教育が開始されたのであるから、暁星寮は、まさに二〇世紀初頭のユニークなキリスト教伝道の場であった。フィリップスは、暁星寮のことをギルド宛報告書のなかで、GYOSEIRYOと書くこともあったが、St. Hilda's Hostel for Students at the Women's Universityと記すことが多かった。

英国国教会の日本における初期伝道について本を著したアーノルド（Alfreda Arnold）は、その本のなかで、「暁星寮は日本式二階家であり、そこには寮生の部屋（二六―三〇人分）、寮監フィリップスの部屋、客間、食堂と台所、事務室、バイブル・クラスや会合を行う部屋、寮母の部屋などがある[14]」と記している。

この暁星寮開設資金は、聖ヒルダ伝道団の活動を支えていた前述のギルドに多くを負っている。一九〇二―一九〇五（明治三五―三八）年までにギルドが暁星寮開設費用として支出した額は、ギルド発行の『ギルド・年報』によれば、二七三五円七四銭である。この額が具体的に何に使われたのかは不明であるが、以後、フィリップスは、一年に数回、暁星寮における生活をギルドに対して報告することとなった。ここで開設後間もない一九〇五（明治三八）年と一九〇六（明治三九）年の報告[15]を要約してみよう。

▽一九〇五年一一月付

開設時の一九〇四年九月における寮生は一一名でしたが、翌一九〇五年七月には二五名（うちクリスチャンは五名）となり、熱心に学業に励む、誠実で信頼できる学生たちばかりです。寮生でない人たちが集まるバイブル・クラスには、女子大学校附属の高等女学校生徒も出席するようになりました。学生たちにキリスト教教育を行うことの難しさについて述べると、以下のとおりです。

一、女子大学校の生活には、あまりにも学生の興味をそそるものが多過ぎます。学校生活には、学生の関心を拡げるための、あるいは、実践的な能力を発達させるための仕組みがあふれています。それは良い点もあるが、しかし、私は、ただただ驚きの声をあげるばかり。たとえそれが次元の高い宗教的な問題であっても、学生たちは会合、討論などに走り、静かに思索する、神を崇拝することをしないのです。今学期は、毎週日曜日にでさえ、三年生のクリスチャン学生たちは教会に行かないで学校の集会に出席して討論を行っているのです。こういう実態は、この学校のクリスチャンの弱さの原因となっています。

二、学生はキリストを、仏陀や孔子などと同じような世界の偉大な指導者の一人としてしかみていません。キリストをモラルの高い一人の人間としか見なさず、福音書のなかで語られる話も単なる寓話としか考えないのです。彼女たちは、キリストの神性を無視しているのです。
三、女子大学校の近くにユニテリアンの集会場があり、学生は、そこで行われる、われわれの信仰とはまったく異なる内容の演説に魅了されてしまうのです。日本には異教の教えがあふれていて、そのことが学生に悪影響を与えています。
四、日本には、キリスト教や仏教などを結びつけてまったく新しい完全な宗教をつくり出そうという考えがあり、それはクリスチャンの学生をも惹きつけています。
どうぞギルドの皆様方、学生たちを囲むこれらの危機に彼女たちが負けることのないよう祈って下さい。

▽一九〇六年一一月付

昨年報告を記した時には、気持ちが沈んでいました。仕事の成果が感じられなかったからです。そこで日本女子大学校の学生のなかでキリスト教伝道を行うことが、いかに困難かを書きました。しかし今年は、感謝の気持ちを込めて、仕事が順調に運んでいることを、見通しも明るいということを述べましょう。

寮生は、日本女子大学校以外の学生二人と女子大学校附属の高等女学校の先生二人を含めて二六人です。このところ入寮希望者が多く、断り続けています。高等女学校の先生の一人は、一八年前に受洗した敬虔なクリスチャンで彼女の影響力は計り知れません。昨年私を悩まし続けた寮生の分裂がなくなり、一つの家族として仲良く暮らしています。寮母として、暁星寮および日本女子大学校出身者でクリスチャンの細野さんが来て下さり有難く思っています。この四月までは、私のアシスタントとしてふさわしい人を見つけられず本当に困っていました。一年以上にわたって、私の目的に共感してくれない、むしろ私の仕事を台無しにしてしまう人が私のアシスタントになり、苦労しました。

細野さんは、一九〇四年、この暁星寮が設立された時、寮生でした。彼女は、この寮で今度は寮母として、家事や会計の責任者になってくれますし、バイブル・クラスも受けもってくれるのです。彼女は日本女子大学校の卒業生ですから学生の考え方や関心事にも通じていて、学生に関する責任を私と分かち合ってくれます。

最近新しく始めたことを話しましょう。暁星寮のクリスチャン学生と細野さん、附属の高等女学校のクリスチャン先生たちが、この地域の子供たちのために日曜学校を開いたのです。現在のところ平均一〇五人の子供が出席しています。これから寒くなると人数は減るでしょうが。

しかし良いことばかりではなく、女子大学校の学生たちに降りかかる信仰上の困難も認識して下さいね。英国の学生は、大学で新しい思想を学び、自分のこれまでの信仰と新しい知識をどのように統合させたらよいか悩み苦しみます。日本でもクリスチャンの学生は、クリスチャンではない学生と考え方の上でぶつかり合って苦しむのです。日本女子大学校の一年生は成瀬校長による実践倫理の時間に、神とは何か、信仰、義務、悔い改めること、自己犠牲とはそれぞれ何かが問われ、クラスで絶えず話し合いをします。これは学生の心をかなり混乱させ、またクリスチャンの学生はなぜ信仰をもつのかを聞かれて悩むのです。私の重要な仕事の一つは、彼女たちに、学校生活に伴うこのような危機を乗り越えさせることです。

私は女子大学校の教室では、もちろんキリスト教については話をしません。しかし、自発的に暁星寮に質問に来る学生には、こういった質問に対する私のクリスチャンとしての答えを示すことにしています。

もしも女子大学校の学生が暁星寮に住んでいれば、あるいは本人の自宅に住んでいるのならば、私は彼女たちを助けることができるでしょう。しかし、女子大学校設立の寮に住んでいる学生たちは、日曜日にも仕事が与えられるので教会に行くことができず、したがって、彼女たちの信仰は弱まってしまうのです。

どうぞ、このような学生のために、ギルドの皆様方は祈って下さい。

暁星寮は、一九一二（明治四五）年に、正式に日本女子大学校の外寮となっている。しかし、フィリップスの報告を読むと、暁星寮の寮生すべてが日本女子大学校の学生であったわけではない。毎年発行された『日本聖公会要覧』には、日本聖公会に関係する事業の一つとして暁星寮が挙げられており、さらに広告の頁には、「女子寄宿舎暁星寮、希望者は主任者ミス・フィリップスまで申し込まれたし」とある。ちなみに、この聖公会の広告には、暁星寮の目的として「キリスト教主義によりて家庭的生活をなし英語の研究を助く」と記されているが、日本女子大学校同窓会桜楓会発行の『家庭週報』に掲載された広告には「地方より家庭を離れて遊学する女子学生のため家庭的に精神的に指導……」[16]とあり、キリスト教という言葉はどこにもない。

一九一七（大正六）年三月、暁星寮に、フィリップスの姪で二八歳のチョウプ（Dorothy Madeline Chope, 1888-1961）が加わった。彼女は、英国のブシィ（Bushey, Hertfordshire）にある一八世紀前半に創立された英国国教会系の学校、聖マーガレット校の教師であったが、フィリップスの仕事を助けるために来日し、以後、フィリップスと共に最終的に離日する一九四一（昭和一六）年まで、暁星寮における教育、そして日本の教会の発展のために献身している。フィリップスのギルド宛書簡[17]によれば、来日当初のチョウプは暁星寮で、週に三度スウェーデン体操を教え、また週に二時間日本女子大学校の教壇にも立った。

では、暁星寮の生活は、具体的にどのようなものであったのだろう。これは、すでに一部分を紹介した寮生たちの筆による『おもいで』に詳しいので、それを参考にしよう。そこには、フィリップスの人格、フィリップスの生活を知ることによって神の存在を信じるようになったという「暁星寮の娘たち」の生活の思い出が鮮やかに記されている。ここでは紙面の関係で、その幾つかを紹介するにとどめたい。

明治三十八年に私が暁星寮に入りました頃は、電灯はなく、食堂も、学生たちの部屋も全部釣ランプで、先生は台ランプを使用して居られました。（南忠志）

朝五時半、チリンチリンと昔の小学校の様な鐘を合図に一斉に当番の場所の掃除が始まる。それからお祈り部屋に集まってさんびか、聖書、次に一寸舌の短い様な日本語で先生のお祈り、次に朝食、食前の感謝と食後の感謝も先生、一時間自習してから風呂敷包みを持って学校に行った。夕食は当番制で三十三人分を五人で用意をする。さんまを焼く時などは体に臭いが染みてしまう様だった。……夕食後二時間自習、八時半にはチリンチリンを合図にお祈り部屋に集まり夜の祈りを捧げて九時消灯、就寝、ということを毎日繰返した。（立花緑）

先生は私共の健康の上にいつも気を配られて、障子は換気をよくする為全部上の桟だけ紙を張り残してあり……。沢山の娘をあずかって病気をされてはとのお心遣いから、口ぐせの様に、自分は自分の名医でなくてはならぬ、又ふとんをかぶって寝る事は自分の吐き出す悪い空気を繰り返し吸うから自殺行為だ等といましめられました。（大河内貞子）

先生の御生活の中で、印象深く思い出されるのは、その度はずれた質素さでした。先生が教案をお書きになっている紙は古い使いふるしの封筒、つまり受信した手紙の封筒の裏でした。又先生の寝室は、北の方の、東に細い窓があり、西は入口の障子で、夏は西日が射し、涼しい東風は入らず、冬は冷え凍る様な場所で、日当りのよい南側の御部屋は全部寮生のものでした。先生が二十五人の寮生が全部入浴したあとの少ないお風呂、そのお風呂に又あの大きなお体がどういう風に入ったかと思われるような、木製の家族風呂で、その御謙遜さが身に染みました。（岡上千代）

朝晩、祈り部屋で背の高い先生がひざまずいて両手を合わせて祈っておられた御姿がまざまざと思い出されます。（土居須美）

私は洗礼を受ける決心をして父へ知らせましたところ、学費の送金を絶つという怒り方でした。これは少々困りましたが、あとにはひけません。フィリップス先生にアルバイトをして不足は補う積りだとお話しました。すると先生は、食費以外の寮費は払わなくてもいいとおっしゃったのです。またアルバイトもお世話下さいました。（有賀美智子）

先生が時々おっしゃったお言葉に「コップの中の嵐」というのがあります。感情的になりやすい二十歳前後の娘たちが、大勢一つ屋根の下に暮らしていたのですから、時には感情の行き違いから、いざこざの起ることもありました。そんな時、先生は「コップの中の嵐でしょう」とおっしゃって微笑されました。する

と、今まで大事件のように思われていたことが色あせてしまうのでした。（船越正子）

フィリップスがギルド宛書簡のなかで毎回必ず記したことは、暁星寮におけるクリスチャンの人数と受洗準備中の人の数である。この人数は勿論年によって異なるが、一九一〇年代、二〇年代には平均して寮生の半数が、そして三〇年代になると、三分の二以上の寮生がクリスチャンになっている。

受洗の問題に関してフィリップスが悩まなければならなかったのは、寮生自身が受洗を決意したとしても、親の同意が得られないことであった。なかには親に勘当されるというケースもあり、日本の家族制度のなかでは、家の宗教と異なる宗教を信じようという時には、数々の抵抗がある、と彼女は書いている。次の軽井沢で記されたギルド宛書簡は、この問題に関する女性宣教師フィリップスの悩みを具体的に伝えているので要約しよう。

▽一九一〇年八月付

先学期暁星寮に住んだ学生は、二五人です。この寮がクリスチャン・ホームだからという理由で暁星寮を選ぶ学生が多くなってきたことは注目に値します。寮生は自発的に教会に行っています。……

ここの寮生は、日本女子大学校において良い成績をとっています。この二年間続けて英文学部の卒業試験で一位になったのは、暁星寮のクリスチャン学生でした。

先学期、二人の学生が洗礼を受けたいと言って来ました。「洗礼を受けたい」というこの言葉のなかに多くの大変な問題が秘められていることを、ギルドの皆様は想像もできないでしょう。しかしわれわれにとっては、すなわち学生をケアする者にとっては、この言葉は責任の重さをますます感じさせるものなのです。

フィリップスと暁星寮生（中列右から３番目は上代タノ）
（日本女子大学成瀬記念館所蔵）

それは、その学生が自分の家族から抵抗を受けるということになるからです。時には抵抗どころか迫害を受けるのです。学生は親の許しをもらうのに、それこそ長い長い時間を待たなければならない。それは強いクリスチャンになるための試練とも言えますが。

そしてついに、喜びの受洗の日が訪れます。生涯を通して、キリストの忠実なる下僕であるように、という祈りが捧げられます。しかし、その数か月後、その学生に結婚の問題が生じるのです。

結婚の問題というのは、女性宣教師が重い責任を感じなければならない事柄で、英国では誰も理解できないような問題を伴っているのです。キリスト教徒としての結婚がどういうものなのかが、たとえキリスト教徒でない人たちから理解されたとしても、彼女の夫となる人の、キリスト教徒でない母親、姉などから、さまざまな意地悪が若いクリスチャンの妻に対してもたらされるのです。日本の女性にとっては、姑と小姑の問題は、夫の問題以上に争いの種になるのです。

こうなると、日本女性が教会に行くことは、ほとんど不可能とさえ思えます。希望をもつことは、宣教師にとって最も重要なことなのですが……。（以下省略）

フィリップスは、最初、暁星寮のクリスチャンを連れて東京牛込の聖バルナバ教会に通っていたが、一九一八（大正七）年六月に日本女子大学校の近くに「目白講義所（一九二三年より目白聖公会と名称が変わる）」が創設されるやいなや、学生と共に目白講義所に移籍した。これ以後、彼女のギルド宛書簡にはほとんど毎回、メジロ・チャーチについての記述があり、それらを読むと、彼女が、メジロ・チャーチの発展、信徒の数、信徒の礼拝出席状況、献金の状況、そして何よりも信徒教育に心を砕いていたことがよくわかる。彼女は、牧師の力不足と多忙さから生じた信徒教育の不十分さを指摘し、信徒たちは、教会をキリストの体として認識できていない、信徒としての責任感に乏しい、日曜学校教育、すなわち子供の教育をおざなりにしている、と述べている。そして、これらの問題点を解決するために、女性が働き手となることを願い、特に暁星寮のクリスチャンを、日本の教会の発展のために訓練していこうと決心する。

このことに関わるギルド宛の書簡[18]の内容を要約すると次のとおり。

▽一九二八年一月一六日付

一、暁星寮の存在意義は大きい。クリスチャン学生は、われわれに、彼女たちの友人や親族に福音を宣べ伝える機会をもたらしてくれます。
二、暁星寮のクリスチャンは地方出身者が多いので、卒業後、故郷の教会で有能な働き手となるでしょう。そのための訓練を寮内で行いたいと思います。
三、まず寮内でキリスト教の雰囲気を身につけさせます。さらに礼拝・祈り・黙想の訓練、聖書・祈禱書・教義の勉強、入門者指導の方法・日曜学校教育のやり方についての勉強、そして教会の清掃、特に祭壇・十字架・花・祭壇布などの取り扱いにはどんな注意が必要かを、また礼拝時に使う布類の刺繡の仕方（Church Embroidery）を学ばせます。
四、学んだことをメジロ・チャーチで実践させます。
五、歴史の浅い日本の教会は、英国からの指導者を必要としています。日本語を学ぶ能力をもった若い女性宣教師の来日を期待しています。

暁星寮の生活について記したフィリップスの書簡は他にも多数あるが、ここでは、日本女子大学校が東京の目白から神奈川県の西生田に移転することを見越して、一九三六（昭和一一）年に暁星寮移転用地（二七〇坪）が西生田に購入されたことを記すにとどめて、次のテーマに移りたい。

4　成瀬校長宛の抗議書簡

日本女子大学成瀬記念館は、フィリップスの成瀬校長宛英文書簡を九通所蔵している。そのうちの八通は、事務的な、ごく簡単な内容のものであるが、残る一通は、一九〇五（明治三八）年一二月、すなわち彼女が日本女子大学校の教壇に立ってから三年目に記されたもので、その内容は、学内におけるキリスト教教育を禁じている学校に勤める宣教師の苦しみ、厳しく真面目なクリスチャンとしての誇り、そして英国女性としての誇りを感じさせる。以下にそれを紹介したい（訳文中の傍点部分は、原文ではアンダーラインが引かれている）。なお、この書簡に対する成瀬の反応は不明である。

参考までに記すと、日本政府は、一八九九（明治三二）年七月の改正条約発効、内地雑居実施に伴いキリスト教が拡がってキリスト教主義の学校が隆盛をきわめ、青少年に悪影響を与えるのではないか、と恐れた。そして八月、文部省は訓令第一二号を出して、認可学校における宗教教育、宗教儀式を禁じたのである。これによって、学校の認可を返上して宗教教育を死守しようとした学校、あるいは学内では宗教教育を行わず認可学校として留まる学校など、キリスト教主義の学校は大きな困難に直面した。なお、この訓令第一二号は、第二次世界大戦終了時まで有効であった。

成瀬先生

ある人が成瀬先生に次の二点を話した、とミス・Hが私に教えてくれました。

一、私のバイブル・クラスに出席している学生に対して、私が、女子大学校の英語のクラスで特に親切にしたり、気を遣ったりする。

二、暁星寮におけるバイブル・クラスにいらっしゃい、と私が学生に熱心に勧める。

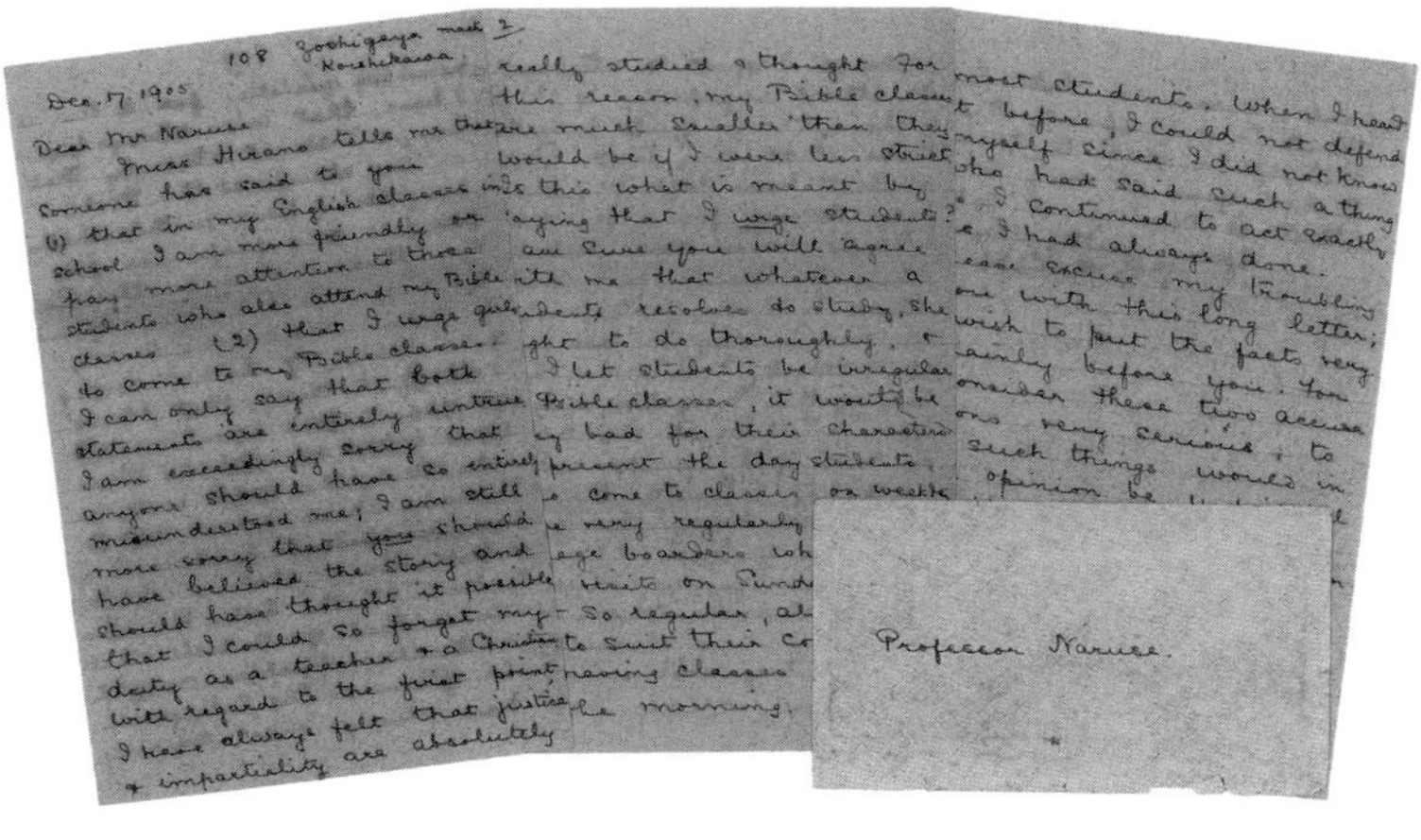

成瀬宛フィリップスの抗議書簡（1905年12月7日）
（日本女子大学成瀬記念館所蔵）

これらは、どちらもまったく真実ではない、ということを申し上げるだけです。誰かが私のことを、このように完全に誤解なさったなんてこの上なく残念です。さらにもっと残念なのは、先生が、この話を信じてしまわれ、私が、教師としての、そしてクリスチャンとしての義務を忘れてしまうことのできる人間だとお考えになったことです。

一点目に関して言えば、公正さと公平さこそ教師に絶対に必要な資質、と私は常に感じてきました。私はこの目標をいつも自分の前に置いてきましたので、女子大学校のクラスのなかで、ある学生を他の学生より好ましいと態度で示したことも、いや感じたこともない、と強く主張します。現在、女子大学校の三年生のクラスのなかからは、一〇人が私のバイブル・クラスに来ています。来ていないのは、七人だけです。しかしその七人の学生たちは、私と一緒にバイブルを勉強している学生と同じように、私のことを友人と見なしてくれていると確信しています。

二点目ですが、私は、ただ一人の学生にさえバイブル・クラスにいらして下さい、と頼んだことはまったくありません。女子大学校で教え始めた時から、学内ではキリスト教教育はできないということを、よく承知していました。私はそのことをいつも念頭に置いていました。学校でキリスト教を教えたり、あるいは学生に私の家にキリスト教を学びにいらっしゃいと勧めるのは、やってはならないことだ、と私自身が思っているのです。宣教師としての私の義務は、キリスト教を学びなさいと人に勧めるのではなく、学びたいと求めてきた人に、いつでも教えられるよう準備をしておくことなのです。……

毎月一回、日曜日の八時から麻布の神学校校長今井寿道司祭が、宗教の根本的な真理について暁星寮で講義をなさいます。最近の主題は、「キリスト教徒は人生をいかに見るか」でした。私は時々学内で、この講義のことを学生に知らせ、来たい人は誰でもいらっしゃいと申しました。このような講義を一般に知らせても先生が反対なさるとは思わなかったのです。しかし、学生一個人に対して、来て下さいね、と頼んだことは決してありません。この講義には三年生がたくさん出席しています。こうした会合の席で私は、この暁星寮でバイブル・クラスを開いていること、希望者は誰でも参加できることを告げました。しかし、その時ですら私は、特定の個人に、いらっしゃいと頼んだことはありません。

最後に女子大学校の私のクラスに出席している学生の人数のうち何人がバイブル・クラスに来ているかを申し上げます。これらの数には、暁星寮で私と一緒に生活している学生は含まれていません。

三年生一七人中一〇人がバイブル・クラスに出席

二年生二四人中九人がバイブル・クラスに出席

一年生二五人中三人がバイブル・クラスに出席

さらに言えば、私のバイブル・クラスには卒業生や、女子大学校の学生ではあるが私が教えていない人も出席しています。バイブル・クラス全体のなかで、私が女子大学校で教えている学生が占める割合は非常に少ないという事実が、私に対して向けられた非難が真実ではないことを証明していると思います。

こんな長い手紙を書いて、先生に御迷惑をおかけしお許し下さい。私は事実を明白にお話ししたいのです。私への二度にわたる非難（フィリップスは、この書簡のなかで以前にも同じような非難があったと記している…白井注）を大変深刻に受けとめています。そのようなことを私がしたとすればそれは不誠実で卑劣なことであり、英国女性、クリスチャンとしてふさわしくないことと思います。このようなことを言った人は、誰であろうと重大な誤りを犯したのですから、私は直ちに、このことを彼女に教えたいのです。私が申し上げたことに先生が御満足なさらず、私と話し合いたいとおっしゃるのでしたら、先生の御都合のよろしい時に、いつでも喜んでお伺い致します。

一九〇五年一二月七日　　E・G・フィリップス

5　日本女子大学校の教育を語る

聖ヒルダ伝道団のメンバーであったフィリップスのギルド宛書簡は、当然のことながら、ほとんどキリスト教教育に関する文章で占められている。そこで、ここではギルド宛書簡からは離れて、彼女が、別の場面で、日本女子大学校の教育、暁星寮、成瀬校長、そして学生たちについて語った内容を紹介したい。

（1）英国における宣教師会議にて

フィリップスは、私が知る限りで二回、世界中の宣教師たちが集まる宣教師会議で報告をしている。一回目は、一九〇八（明治四一）年六月、彼女が一年間の休暇（furlough）を取って英国に帰国していた時にロンドンで開催された「全聖公会会議（Pan-Anglican Congress）」においてであり、「日本女性のための理想の教育」という題をつけて、フィリップスは自分の考える女子高等教育の理想と、現実に日本女子大学校で行われている教育内容を語った。以下にその要約を記すと、

一、儒教と仏教が日本女性の地位を低くしました。日本では女性の第一の義務は、両親、夫、息子に従うことだと考えられています。

二、一八八四（明治一七）年頃から女子教育は少しずつ進歩し、一九〇〇（明治三三）年には津田梅子によって女子英学塾が、そして翌年には成瀬仁蔵によって日本女子大学校が創立されました。現在、日本女子大学校には、七〇〇人の女子大学校生と八〇〇人の附属の高等女学校生徒が在籍しています。

三、女性にも良い教育を与えようという考えは拡がっていますが、教育の質や範囲を考えた時、日本には大きな問題点があります。日本では個人よりも家が重んじられるので、女性の教育の第一の目的は、家に対する義務を果たさせることが重要なのです。結婚は個人の選択の問題ではなく、家を守るためなのです。それゆえ、女子教育では、妻として、母としての義務が強調されます。

もう一つの問題点は、女性が地方から都会に出て良い教育を受けようとする場合、適切な寮が十分に存在

していないということです。日本女子大学校には、八〇〇人から九〇〇人を収容できる寮があります。そして寮の仕事を皆で分かち合っており、寮母は母親の役目を果たしています。

四、教育の主要目的は、英国と同じように人格形成でなくてはならず、自信に満ち強い意志と決断力のある人間、そして自己を殺すのではなく、理性と信念によって統御された自己表現のできる人間をつくることだ、と私は考えます。人格形成に関して、日本女子大学校では、学生も教師も、毎週、成瀬校長による実践倫理の時間に熱心に学び、それを日常生活に実践する努力をしています。

五、人格形成には、宗教が重要な役割を果たすのに、日本の学校ではそれが認識されていません。

六、日本女性は、真に男性の知的な協力者でなければなりません。しかし、女子教育においては、正確な観察や健全な推論の土台となる数学や理科の時間が男子の場合より少ないのです。日本女子大学校では、何かについての専門家をつくるというよりは、知的能力を多方面に磨くことを目的とし、選択科目が多くあります。どこの学部に属していても、倫理学、心理学、哲学、民法、幼児教育、教育学は学ばなければなりません。また、教育は教室のなかだけで行われるのではなく、戸外における自然観察、園芸、養鶏などに関心をもつことも勧められています。そしてまた、学校生活の規律や組織づくりは、すべて学生の手に委ねられ、自治能力のある有能な女性を生み出すことに多大な努力が払われています。

七、英国では、女性も、体力、知力、魂の力を備えた一人の人間として可能な限り自らを伸ばす権利をもっている、と考えられています。日本では、この考えは浸透しにくいのですが、最近変化しつつあります。日本女子大学校の成瀬校長は、女性は、妻や母としてだけでなく、無限の可能性をもった人間として、国民として教育されるべきだ、と絶えず主張しているのです。

八、私は、日本女性のための教育の理想を述べているのでありまして、日本の多くの教育者の考えは、これとは程遠いと言えましょう。理想の女子教育が行われるためには、高貴な理想の源である神、その理想に近づく力を与えて下さる神のもとに、日本女性を導いていくことが重要であり、それには、私たち宣教師の助けが必要だとお思いになりませんか。

おそらく、このフィリップスの発表は、日本人以外の人が集まるなかで（さまざまの国の人びとが集まるなかで）語られた日本女子大学校の教育についての最初の報告であろう。

フィリップスが二回目の経験として参加した宣教師会議は、一九一〇年六月に英国のエディンバラで開催された「一九一〇年世界宣教師会議（1910 World Missionary Conference）」である。この会議は、ギリシャ正教とローマン・カトリック教会を除くプロテスタントの伝道団体の代表者たち一三六五人によって開かれ、その目的は、特に西洋のキリスト教国がいかにして東洋人をキリスト教徒に育てていくか、そして世界をいかにしてキリスト教化していくかを論じることであった。今日の目から見ると、白人中心のこの会議では、「伝道」と「植民地化」という言葉の概念が、また「神の王国を拡げる」と「西洋文明を拡げる」という言葉の意味が検討されることなく混同されて使われていた、と批判されている。ちなみに、この会議において、日本に、キリスト教各派連合の女子高等教育機関を設立することが決議され、東京女子大学が創立されている。

フィリップスは、この会議に報告書を提出するという形で参加しており[19]、日本の女子学生を良きクリスチャンに育てていくためには寮生活が不可欠であることを、日本女子大学校の紹介とともに述べている。要約すると、

一、日本女子大学校の成瀬校長の目的は、学問を志す女性を育てるのではなく、教育によって良き妻、良き母をつくり出して日本を改革していこうというものであります。この目的を達成するためには、学生にさまざまな科目を勉強させ彼女たちの知的な精神が多方面に開かれていくことが大切だと考えています。当然ながら彼は、実践的な倫理教育も重視しているのです。

二、聖ヒルダ伝道団が、主として日本女子大学校の学生にキリスト教教育を行うために設立した暁星寮は、一九〇四年九月に開設されました。その時には日本女子大学校における寮の数は少なかったが、ここ数年間に学校側は多数の寮を開設し、学生が学校の寮以外の寮に入ることを禁じました。しかし、例外として、暁星寮には学生が入寮してもよいと認めたのです。その理由は、暁星寮の責任者フィリップスが日本女子大学校の教師であり、学校側の求める規則や希望を暁星寮において受け入れているからです。

三、宗教教育は、学校のなかでも、学校が設立した寮のなかでも禁じられています。しかし学生は、親や保護者の希望があれば、教会やバイブル・クラスに出席できます。

四、学生を良きクリスチャンに育てるための最高の手段は、寮を設立して宣教師が学生と一緒に生活することです。クリスチャンとしての性格形成は寮生活のなかでつくられるのです。キリスト教を勉強するクラスに外から通っても、この性格形成はなされないでしょう。

五、しかし寮のなかでは、キリスト教を押しつけないことが大切です。宗教は自由に自分で決めさせることが最も効果的であります。暁星寮の場合は、入寮者の四分の三の人が教会へ行き、全員がバイブル・クラスに出席しています。

六、寮のなかでは、量より質を優先させ、教育経験のある宣教師がトップに立ち、アシスタントは日本人にするのがよいでしょう。
七、寮は、日本の家庭らしく、すべて日本式にすることがよい。女子学生は、いずれ日本で家庭に入るのだから、料理も日本式に自分たちの手で行うのがよいでしょう。
八、日本は目まぐるしく変化する国なので、その変化に応じられるように。日本で働く宣教師は、英国の伝道本部のやり方を採用するのではなく、どのようにでも変化できるよう絶えず準備しておくことが大切です。

(2) ケンブリッジとSPGに宛てた書簡のなかで

フィリップスは、宣教師会議以外の場所でも日本女子大学校の教育、暁星寮、成瀬校長、そして学生について語っている。

聖ヒルダ伝道団のメンバーは、数年に一度、一年間の休暇が与えられ英国に帰っており、フィリップスは、大体七年に一度、すなわち一九〇七、一四、二一、二九、そして三五年に英国の土を踏んでいる。この帰国に向けて彼女がやらなければならなかったのは、彼女の留守中に暁星寮寮監を引き受けてくれる人を探すことであり、そのためにフィリップスは、数多くの書簡を英国のあちこちに送っている。

一九〇四年一〇月、すなわち暁星寮開設直後に、彼女は一九〇七年の帰国のために母校ケンブリッジ大学のニューナム・コレッジ・クラブに長文の書簡を送り、そこで日本女子大学校の紹介を行った。*Cambridge Letter* (1904) という冊子に印刷されたその書簡のなかで、彼女は、まず、現在行われている日露戦争で日本が勝利し世界の強国の一つになっていくとすれば、日本女性の地位は特別重要な意味をもつと書き、中世、近世、近代にわたる日本女性の地位の変遷を詳細に記している。

そして一九〇一年に誕生した日本女子大学校に関しては、家政学部の学生は、どちらかというと年齢が高く古風な雰囲気の持ち主が多く、英文学部の学生は若く進歩的な人が多い、と述べる。また履修科目は多様で、英文学部の学生は、英語、英文学の他に、心理学、哲学史、法律、実践倫理、美術史などを学び、さらに選択科目として音楽、絵画、料理、造花づくりなども履修でき、授業料は一年に三ギニーと大変安い。しかし、この安い授業料をも支払えない学生がおり、明け方に牛乳配達をして働いている学生がいると書いた。また、日曜日以外は外出できない厳しい学校の寮生活などについても情報を与え、高い学習意欲と日本女性のリーダーたらんとする使命感にあふれた学生を教えることの深い意義を強調した。

日本女子大学校では宗教教育はできないが、キリスト教を知りたいと願う学生は多く、聖ヒルダ伝道団が、それに応えて暁星寮を開設し、フィリップスがその寮の責任者であること、暁星寮の生活はすべて日本式に行われていること、将来日本女性のリーダーとなるであろう寮生は和洋折衷ではなく、完全に日本的なマナーを身につけることが重要である……などと述べる。そして最後に、休暇で英国に帰国する自分に代わって仕事を引き継いでくれる教育経験者はいないか、とニューナム・コレッジ出身者に協力を求めた。結びの文章の内容は、ニューナム・コレッジは諸先輩の自己犠牲的努力によって発展したのであるから、今度はわれわれが、自分たちが得た恩恵と同じものを日本女性に与えるために彼女たちを助けようではないか、というものである。

ちなみに、フィリップスの一回目の休暇に際し、暁星寮寮監となったのは、ニューナム・コレッジではなくロンドン大学出身のニューマン（Helen Newman）であった。

もう一つ紹介しよう。前述した英国最大の伝道団体ＣＭＳと並んで英国の重要なる伝道団体ＳＰＧ（The Society for the Propagation of the Gospel in Foreign Parts）が、フィリップスから受け取った書簡を小さなパンフレットにして多方面に配布しており（一九一四年一〇月）[20]、そこに書かれた日本女子大学校の学生についての記述は、これまで語られたものとは趣を異にしていて興味深い。要約すると、

一、日本女子大学校の学生は進歩的な中産階級の家庭の出身者が多く、女子学生と言ってもオックスフォード・ケンブリッジ大学に学ぶ女子学生と同じように見なすことはできません。彼女たちは、どちらかと言うと、英国の田舎にある学校の学生のようだ。入学時の年齢は一七歳で、三年間学んで卒業後はすぐに結婚する人が多いのです。日本女子大学校の学生と英国の女子学生を比較するのは難しいが、彼女たちは、ある意味で子供っぽく、その視野が狭く、親戚の男性と話す機会も少ないのです。彼女たちの母親の教育レヴェルは低いようですね。

二、女子大学校の拘束時間は長く、学生たちは試験のことばかり気にして、試験と関係のない読書に力を入れません。文学、哲学には関心を示すが、自然科学に対しては無関心な人が多い。絵画を楽しむ人、ピアノやヴァイオリンを演奏する人もいます。テニスやバスケットボールは彼女たちが好む運動だが、運動をしなければいけないと考える習慣をもっていません。本から離れて戸外に出なさい、と彼女たちを説得しなければならないことが多いのです。

三、現在は日本の若い女性にとって危機の時代です。昔の女性は良き妻、良き母親になるようにとのみ言われ、その理想は従順、自己抑制でありました。しかし今、女子大学校の学生は、無限の可能性をもった一

人の人間として自分の価値に目覚めています。女子学生のモットーは、自己実現、自己開発、自己表現です。そして世の中で役立つ人間になりたい、という強い願望をもっているのです。「私は私自身でなければならない。私は自分の人生を生きなければならない」というのが、自己の可能性に目覚めた女子学生が発する言葉です。

四、彼女たちの母親は、しばしば自分たちの考えとはまったく異なる娘たちの情熱に困惑しています。ここでこそ、われわれ英国の女性、英国の宣教師たちの出番なのです。もちろん日本と英国とは社会の状況は違いますが、われわれは彼女たちに共感することができるのです。われわれは、自己を捧げることこそが最高の自己実現である、と彼女たちに教えることができます。「一粒の麦が地に落ちて死ななければ、それはただ一粒のままである。しかし、もし死んだならば、豊かに実を結ぶようになる」（ヨハネによる福音書一二—二四）を示すことができるのです。

五、日本の女子学生は何かを求めており、また寂しさと空虚さを感じています。彼女たちは自分が何を欲しているのかわからないのです。しかし何かを求めていることを知っているからこそ、彼女たちは、われわれの所にやってくるのです。

六、キリスト教を教えるということは、教義を教えたり説教したりすることではありません。キリスト教は生活を通して、すなわち寮で学生と生活を共にすることによってのみ彼女たちの肌に染みこませることができるのです。宣教師は、女子学生たちが彼女たちの人生のなかで最も熱意にあふれ、最も感受性豊かな時期に、彼女たちと生活を共にしているのだ、ということを肝に銘じておかなければいけません。

(3)「女性文化展覧会」の紹介

日本女子大学校は、諸般の事情で延期していた創立二五周年記念式を一九二八(昭和三)年四月二〇日に行い、同時に「女性文化展覧会」も開催した。フィリップスは、この展覧会についても「日本女子大学校の興味深い展覧会」というタイトルをつけて、その様子を英国に書き送っている。[21]

彼女は、この展覧会を皇后陛下や皇室の女性たちが見学した、とまず記し、宗教・科学・文学・美術・音楽・医学・政治問題・社会福祉・経済・国際関係の分野における女性の働きをテーマにしたこの展覧会は学生の手によってすべて準備され、学生は、研究や外国への問い合わせなどに追われたが、多くの豊かな経験に恵まれた、と述べている。

日本の学生は図表やグラフを使って展示をすることに長けており、最も人が集まったのは、各国の女性の社会的・政治的地位を図表で表したり、米国やヨーロッパにおける女性参政権運動の実態を写真を使って展示した部屋であったこと、そして日本女性も参政権獲得に向けて現在努力しており、獲得の暁にはどんなことを成し遂げたいかということや、男女の不平等から生じる社会悪がどんなものであるかも展示されていたと記している。さらに、世界の平和運動についての展示も見応えがあったと書き、また英文学の部屋では、女性作家の写真と並べて彼女たちの生涯や著作の評価を英語で発表したことなど、当時の学生の活躍を詳細に報告している。

ここでも彼女は、日本女子大学校の各学部の紹介、学生が優秀なこと、米国のシカゴ大学、コロンビア大学、イエイル大学などで博士の学位をとった卒業生もいること、専門家ではなく有能でオールラウンドな女性を育てることを教育目標にしていること、成瀬校長は優れた女子教育が日本の発展につながると確信して日本女子大学校を創立し、最初は多くの困難にぶつかったが、彼の炎のような情熱が他の人を動かした、など長々と述べるのである。

このようなフィリップスの記述を、当時、どのくらいの人数の英国人が、またどの程度興味をもって読んだのかはわからない。しかし、前述したように、フィリップスを含む聖ヒルダ伝道団の活動を経済的・精神的に支えていたロンドンのギルドのメンバー約三千名は、少なくとも自分たちの寄付の成果には大きな期待を抱いていたであろうから、『ギルド・年報』に印刷されたフィリップスの報告はもちろんのこと、それ以外のものであっても、手に取る機会は多かったと思われる。ましてや日英同盟の相手国である日本の女子高等教育がテーマであるから、ユニークな女子高等教育機関、日本女子大学校に好奇心を抱いた人はかなりいたのではないだろうか。

6　日本との別れ

日本が英米に宣戦布告をする七か月前の一九四一（昭和一六）年五月六日、六八歳のフィリップスは、チョウプと共に横浜港から日枝丸に乗ってカナダへ向かった。これ以後、その逝去の日まで、二人の思いは絶えず日本に向けられていたが、二人が再び日本の土を踏むことはなかった。

その前年一九四〇年の世界の動きを見ると、イタリアの英仏に対する宣戦布告（六月）、日本の憲兵による多数の英国人検挙（七月）、独軍による英本土空襲開始（八月）、日独伊三国軍事同盟成立（九月）など日英関係は悪化の一途をたどり、結局二人は帰国を余儀なくされたのだった。前述した日本女子大学校同窓会桜楓会発行の

『家庭週報』（一五〇〇号、一九四一年）には、次のようなフィリップスからのメッセージが掲載されている。

皆々様へさようなら、を申し上げます。実は私の姪、チョウプと、私は此の際、日本を離れた方がよいと考へたので御座います。非常な悲しみの思ひを抱きながら此の様な決意をいたしました。

私共は兼ねてから、西生田の地に暁星寮を新しく建てませうと楽しみに思つて居りましたが、今はもう、それもはかないのぞみとなつてしまひました。今日まで四十年間を東京で過ごしてまゐつたので御座いますが、思へば大層幸福な歳月で御座いました。其の間、皆様方から賜はりましたすべての愛と友情に対しましては、何と申して感謝の意を表したらよいのか其の言葉を知らないので御座います。不幸にして此の二三年来毎日の新聞を手にしては心痛めてまゐりました。日本人で英国で暮した事のある方々は、どなたも、彼の国を愛好し、又日本に居る英国の人達はみんな、此の国が大好きなのです。

私は、いつまでも、日本を自国の如く愛すでせうし、又英国に帰り着く事が出来ました暁にはお互の国々の間の友情と理解を促進する様に私の出来る丈の力を尽すでせう。

幸にして、平和の日が訪れました際には、皆様方を多数私の故国に歓迎出来たらと存じます。

さようなら

いつまでも変らぬみなさんの友

イー・ヂー・フィリツプスより

当時の『家庭週報』（一五〇二、〇六、〇七、一一、一四号、一九四一年）を読むと、英文学部や暁星寮出身者な

フィリップスの送別感謝会終了後の記念撮影（1941年３月６日）（コラム参照）
（白井堯子所蔵，故岡上千代氏旧蔵）

ど二百余名が集まったフィリップスを送る会の様子（本章の末尾に記すコラム「大戦近づきフィリップスも帰国」を参照）、謝恩醵金一六四五円が集まったこと、フィリップスが日枝丸船上で記した『家庭週報』宛の書簡文の一部「私は、横浜の埠頭で、お船の下に沢山のなつかしいお顔を見下ろしました時、皆さんと一緒に東京へ帰りたい思ひで一杯でございました。何時の日か、私がもう一度日本を訪ねることが出来ましたら、どんなに、うれしいことでせう」（一九四一年五月一二日）などが掲載されている。

それらの記事のなかでも、特に心を打つのは、暁星寮出身者が書いた「暁星寮の想ひ出」の文章の一部、「冬の夜にミス・フィリップスは私共にミルクを沸かして飲ませて下さいました。先生は寮生の健康を一番心配されて、身体の弱い人には牛乳をお飲ませになりました。夜のお祈りがすむと台所で牛乳を沸かして下さいました。夜のガウンを召してショールを被つて沢山のカップに牛乳を注いでいらつしやるお姿は、暗い電灯の蔭で聖母の絵に似て見えました」であろう。

すでに述べたように日本女子大学成瀬記念館は、暁星寮出身者であり、のちに日本女子大学文学部英文学科教授、さらに学長になった上代に宛てたフィリップスの英文書簡を約三〇通所蔵しているが、そのなかに日枝丸乗船中に書かれたものが一通（一九四一年五月一〇日付）ある。それには、

もし私がドロスィ（チョウプ）と一緒でなかったならば、私は日本に残ることを望んだでしょう。日本のヘーズレット主教は、お許し下さらなかったでしょうが。しかし、この七か月間の神経の緊張は、ドロスィには耐えられるものではありませんでした。……日本聖公会の最近の総会（四月）において、「主教、司祭そして女性宣教師の方々が任地を離れて下さるという寛大さに感謝する」という決議がなされたと聞いています。われわれは日本を離れるということで感謝されるのですから、明らかに居場所はないのです。……

とある（訳文中の傍点部分は原文ではアンダーラインが引かれている）。また『日本聖公会百年史』（一九五九年）の「第五篇　受難時代」を読むと、「日本伝道に生涯を捧げる決心をもって渡来し、日本聖公会のために献身奉仕した英米加の宣教師諸師は十五年と翌十六年にはひき続いて辞任帰国を余儀なくされた。全宣教師は限りない惜別の情をもって人々に送られながら帰国した」と記されている。なおフィリップスとチョウプが在籍した目白聖公会で三月九日に行われた二人を送る礼拝の説教においては、宣教師たちの帰国が外部からの強制によるものではないことが強調された。それについても、本章の末尾に記すコラム「大戦近づきフィリップスも帰国」を参照されたい。

晩年のフィリップス（右）とチョウプ
（100 Hare Hill, Addlestone, Surrey, England の自宅入口前で）
（白井堯子所蔵，故岡上千代氏旧蔵）

終戦の翌年（一九四六年一一月）、七四歳になったフィリップスは英国から、「ついに手紙を書いてもよい日がきました。学校は大丈夫でしたか」と喜びの書簡を上代に送り、「私はあれからカナダに三年間留まっていました。戦争のために船がなくて、英国には一九四四年八月にやっと帰ることができたのです」と書いている（『家庭週報』一六二〇号、一九四七年掲載）。

以後、逝去の日までの約二〇年間に記された上代宛の書簡を読むと、彼女は、イングランド南東部のサリ州にチョウプと二人で住み、日本国を自分の国のように愛しているので日本語を話す機会がないのを大変残念に思っていることや、新聞を読むたびに日本についての記事を探したり、また、世界の平和は大きな会議を開くことによってではなく他民族の人たちと深い友情を結ぶことによって生まれるのであるから、周囲の人たちに日本を理解してもらうよう努めている、と報告している。

また、日本女子大学校での生活や英文学部の友人たちのことを natsukashii と書き、学生によって毎年行われたシェイクスピア劇上演や、日本女子大学英語英文学会発行の英文紙 *The Mejiro Tatler* の記事にも深い関心を寄せている、と述べるのだ。そして、フィリップスを記念して日本女子大学文学部英文学科に「フィリップス賞」が制定された折には「とても名誉に感じています」と記して、それを受賞した学生から心のこもった手紙を受け取った時の喜びも上代に伝えた。さらに上代が学長になった時には祝福の書簡を送って、「暁星寮の娘が日本女子大学の学長になるなんて、私はとても誇らしく思っております」とその感動を記している。

大勢の兄弟、姉妹のうち自分だけが残っていると書いた（一九五五年一月一四日付）フィリップスも、高血圧と心臓発作に悩まされ続け、生活を共にしていたチョウプの逝去（一九六一年一月、七三歳）後は、ナーシングホームへ引っ越した。チョウプの逝去を伝えた書簡（一九六一年一月一四日付）は、「日本滞在の四〇年間を、いつも感謝の心で受けとめています」という言葉で結ばれている。なお、一九六三年一〇月、日本女子大学はフィリップスに名誉教授の称号を贈ることを決定した。

ここで、暁星寮について記すと、寮は、フィリップスが去ったあと、暁星寮出身者で英文学部の卒業生、南忠[22]が寮監役を引き継ぎ一九四五（昭和二〇）年三月まで存続したが、三月に強制疎開のため、ついに建物が取り壊された。

一九六五（昭和四〇）年五月一二日、フィリップスは九二歳の高齢でこの世を去った。翌月目白聖公会で行われた「ミス・フィリップス追悼ミサ」には約二〇〇人が参列し、日本の教会と日本の女子高等教育のために一生を捧げたフィリップスに感謝し、その魂の平安を祈った。現在目白聖公会には、フィリップスとチョウプの名前が刻まれた銘板が祭壇近くの壁面に設置されている。

フィリップスと生活を共にした暁星寮出身者たちは、その一年後の一九六六年五月一二日に、この第四章の最初の部分で紹介した『おもいで』を発行し、それをフィリップスの霊に捧げた。そのなかの上代が記した「フィリップス先生をおもう」は、この場所に最もふさわしい文章と思われるので、その一部をここに引用したい。

私どもはもう英国に行っても先生に会うことはできません。先生にあてて手紙をかくこともできません。去年の春までは、昔、昔、日本女子大学の教室の黒板にかかれたと同じような、あのすっきりした文字で愛情こめた返事をいただいておりましたが、今はもうそれもできません。

しかし、私どもは先生の弟子として、先生の声を直接心に聴くことができます。そして、魂に恥じない生活をする努力の中に、先生と霊の交りをすることができます。暁星寮で、朝夕に私どもがひざまずいたあの神々しい姿をおもいうかべながら。

先生を記念する方法はいろいろ考えられると思います。すでに実行されてよいみのりをあげているものもあります。しかし、私どもの誰にもできる記念の方法は、私どもが毎日実践するその生活の中へ、先生を常に迎えることでありましょう。弟子として、互いに協力し、私どもに与えられている生涯を、直接間接に少しでも国のため、世界のためになるような、目にみえぬ大きな神の心の流れの中におくことでありましょう。

フィリップス先生の勇気と献身と無私の貴い一生のイメージを、私どもの心の眼から離さぬよう、私はみなさまと共に毎日努力したいと考えています。

7　教師として、宣教師として

フィリップスは、世界で屈指の名門校ケンブリッジ大学のニューナム・コレッジで学び、そこの動物学の教職を断念して、万里の波濤を越えアジアの東端の島国に二〇世紀の幕あけとともに来日、しかも日本が英領のマレー半島に対して武力攻撃を開始する直前まで約四〇年間にわたり日本の女子高等教育とキリスト教伝道に身も心も捧げた稀有な女性宣教師であった。だが彼女の存在は、戦雲のかなたに霞んでしまい、今日では、日本でも英国でも知る人はごくわずかである。また、歴史上の女性の貢献は忘却の淵に沈められた時代であったので、比較的史料がよく残されていると言われるキリスト教宣教師関係のものですらも、女性宣教師史料は男性宣教師史料に比べて保存状態が悪く、残念ながらフィリップスを語る史料は限られているが、ここで「遠き地の果て」における彼女の「献身」の意義を考えてみたい。

(1) 高等教育の使命を教えた教師

フィリップスは、日本女子大学校英文学部教授として三八年間、また暁星寮寮監として三七年間、草創期の女子高等教育に貢献している。彼女は、本書第二章、第三章に記したヒューズ（Elizabeth P. Hughes）の紹介で日本女子大学校の門をくぐった、と上代宛の書簡（一九五二年一〇月一一日付）に書いているが、そのヒューズと同じように[23]日本という異国の地で、高等教育を受けた女性の使命と生き方を身をもって学生に教えた教師であった。

フィリップスは、『家庭週報』（四七号、一九〇六年）のなかで、私共が人並優れて受けた高等の教育は、たゞこれを我が一身の上に益する計りでなく、世界の為、殊に、私共の如く高等教育を受けることのできぬ人々の為に尽くせよと、私共に委ねられた大いなる賜であります。英国の大学生は大学教育といふものは自分等に重大な責任を与へるものであるといふことを自覚し、その任務を果たすため種々な方法により実際に働いて居ります。

と述べている。彼女が選んだ道は、キリスト教の伝道であった。少女の頃からの念願であった「福音を宣べ伝える」という重い使命を担って、はるばる一人でアジアの東端にまでやってきた彼女の信念、勇気、努力は、家族制度の枠内に縛りつけられていた明治期の日本女性には見られないものであったろう。その姿は、向学心に燃え、周囲の反対を押し切ってでも日本女子大学校に入学した学生にとって、どんなに新鮮に映ったことであろうか。「女に学問は有害、女のしあわせは結婚」という考えが支配的であった時代の学生にとって、彼女の存在は、女性のもつ活力と無限の可能性を具体的に教え、希望の光を与えるものであったろう。

フィリップスは、「日本女子大学校の教育は、学生を日本の女子青年層のリーダーにするという役割をもっているのです。……われわれは、彼女たちの能力を伸ばして、それを日本の国のために真の意味で捧げる方法を教えようとしているのです」（本書一六三頁）と書き、彼女の教えを受けた上代も、「フィリップス先生は常に私ども日本の学生を心から尊重し、将来日本のため、世界人類のために役立つ人間にすることを自分の使命と考えて、身も心も捧げつくされたのであります」と『おもいで』に記している。

フィリップスが日本の国、社会のために役立つ人間になるように、と絶えず学生を鼓舞したのは、彼女が英国国教会の高教会（ハイチャーチ）[24]に属する宣教師であったことも、その理由の一つであろう。

英国国教会は、米国プロテスタント各宗派のようなセクトではない。国教会の宣教師は、教会は国家や社会の魂、良心であるという考えを強く抱いていたから、一般の人たちに対しても、国家や社会の魂、良心としての影響を与えていこうという傾向をもっていた。そして、「伝道活動においても、社会から切り離された個人の魂の救済というよりも、社会全体の回心に基本的に関心を抱いていた」[25]のである。

フィリップスは、教育の主要目的は人格形成であると述べている（本章の「5　日本女子大学校の教育を語る」中の全聖公会会議における発表を参照）。この点に関する彼女の影響力は、計り知れないものがあった。『おもいで』のなかで暁星寮出身者が口をそろえて書いたのは、彼女の人格の素晴らしさである。「無私の愛」「神様の証し人」「自分を犠牲にして他人に奉仕する姿」「愛の天才」「年齢を超越した純粋な激しさ」「神の存在は信じられないが、ミス・フィリップスの人格だけには一言もない」など、フィリップスの人格を讃美する言葉は数多い。それは、多感な女子学生たちに大きな影響を与えただけでなく、上代が『おもいで』のなかで「先生から受けた感化は一生涯私を支配した」と記しているように、生涯を通して彼女たちの生きる糧となったのである。

彼女は日本女子大学校では、英文学部教授であった。英作文、英会話、英文学を教えたということであるが、残念なことに、その教育内容を具体的に伝える史料はほとんど残されていない。彼女が『家庭週報』（一一七〇―七三号、一九三三年）に寄稿した「児童の英語教授法」から、学生に対する英語教育を想像するのみである。

筆者が手にしているものは、わずかに彼女の講義態度を称える次の二つの文章である。[26]一つは上代が書いたもので、

私ども先生から教室で教えを受けた者は、先生の講義がいつの場合にも実によく準備され、オーガナイズ

されていて、私どもはめいめい自分の立場からはっきり理解できたことを思いだします。そのうえ、先生の態度がいかにも真剣で、熱がこもっていて、私どもの頭と心に深くしみいるようなものであったこと、その結果、あとあとまでもその知識がいろいろの研究の土台になったことをよく覚えていると思います。

とある。もう一つは、女子英学塾でフィリップスの講義を聞いた山川菊栄（後の労働省初代婦人少年局長）の文章である。

二年の時毎週一時間、半年ほど聖書の時間を受持たれたミス・フィリップスの講義も水際立つてゐた。ミス・フィリップスには宣教師らしい臭味が少しもなく、率直で素朴な感じをうけたが、その簡潔で要領のい丶旧約聖書の梗概は、もつと続かないのが残念だつた。

彼女のケンブリッジにおける専門は英文学ではなく自然科学であったけれども、彼女が英語のネイティヴ・スピーカーであったことや、英文学を理解するために必要な英国文化、歴史、キリスト教などを教える素養を十分もった人であったことを考えると、明治、大正、昭和初期の英文学教育への彼女の貢献度は、決して小さくはなかったであろう。

（2）キリスト教界への貢献

日本のキリスト教界における彼女の貢献は、これまで記してきたことからもわかるように、大変大きい。目白聖公会八〇年記念誌『キリストのかおりを』(一九九八年)には、さまざまな形をとってフィリップスの感化力の偉大さが語られている。すでに記したようにフィリップスは東京牛込の聖バルナバ教会に暁星寮のクリスチャンを連れて通っていたが、一九一八(大正七)年六月に暁星寮からそれほど遠くない場所に「目白講義所」が創設されるやいなや、学生と共に目白講義所に移籍した。準教会であった「講義所」は、一九二三年には「目白聖公会」と改称し発展。以後フィリップスは一九四一(昭和一六)年の離日の日まで、絶えず、日曜学校をも含めたこの教会の歩み、そして使命に思いを寄せ、高教会(ハイチャーチ)の伝統を植えつけていった。そのひたむきな姿は、多くの人びとの心に「キリストに在る生き方」を残したと言われている。フィリップスの離日に際して行われた礼拝でも、牧師は「目白聖公会の今日の大は、フィリップス先生のお蔭によるものであります」と述べている。(27)

しかし、私はここで、聖ヒルダ伝道団を設立したビカステス主教が、その設立の年一八八七年に、「英国国教会の東洋伝道が不完全な成功しかみていない理由の一つは、女性に対して男性と同じように力を注いでこなかったためである」(28)と書き、日本女性を対象とした聖ヒルダ伝道団の設立がいかに有意義かを強調したことを思い出したい。「男女七歳にして席を同じうせず」の時代においては、男性が女性に直接キリスト教伝道を行うことは難しかった。その意味で、英国で高等教育を受けて聖ヒルダ伝道団のメンバーの一人となったフィリップスが、日本女子大学校という高等教育機関に学ぶ女子学生、しかも将来日本女性のリーダーになるであろう人たちに、暁星寮において直接生活を共にしながら伝道を行ったことは、高く評価されてよいのではないだろうか。

彼女は、本章の「5　日本女子大学校の教育を語る」のなかで、キリスト教を教えるということは、教義を教えたり説教したりすることではない。キリスト教は生活を通して、すなわち寮で学生と一緒に生活を共にすることによってのみ、彼女たちの肌に染み込ませることができる。良きクリスチャンを育てるための最高の手段は、宣教師が学生と一緒に生活することであり、クリスチャンとしての性格形成は寮生活のなかでつくられる、と語っている。フィリップスは、当時の日本社会のなかで女子学生が受洗に到るまでに遭遇する抵抗——親の反対、親からの勘当、家の宗教との対立——、そしてクリスチャンとしての結婚生活の困難さ——キリスト教徒ではない夫の家族、特に姑、小姑との葛藤——など、男性のクリスチャンが味わうことのないさまざまな苦労を、自分の同性、自分の娘たちの苦労としてしっかり受けとめ、彼女たちを支えることに、その信仰が弱まらないように心を砕いたのである。これは、男性宣教師には困難な仕事であったろう。

またフィリップスは、草創期の日本女子大学校の学生について、学生は危機のなかにいる。昔の女性は良き妻、良き母になるようにとのみ言われ、女性の理想は従順、自己抑制であったが、今の女子学生は、無限の可能性をもった一人の人間として自分の価値に目覚めている。女子学生のモットーは、自己実現、自己開発、自己表現である。そして世の中で役立つ人間になりたいという強い願望をもち、どうしたらよいのかと悩むのだ、と記している。彼女たちの母親を困惑させるこういった女子学生の悩みに共感でき、彼女たちを導くことができるのは、同じ悩みを味わった経験のあるわれわれ英国の女性宣教師だ、と述べ、フィリップスは、最高の自己実現とは自己を捧げることだ、と「ヨハネによる福音書一二—二四」を引用して、女子学生たちに、キリスト教の考え方、キリスト教の見方を教えようとしている（本書一八七頁）。

こういった日本の女子高等教育の揺籃期に見られた学生たちの悩みに応えようとする女性宣教師の力が、今までに評価されたことがあったろうか。

日本のキリスト教教育史の研究は、「ミッション・スクール」や「キリスト教主義の学校」が対象となり、日本女子大学校のような非宗教的な学校とキリスト教との関わりに関心が示されることは少ない。しかし、フィリップスの努力により、そして成瀬校長の深い考えによって、日本女子大学校が、明治期に、キリスト教教育を行う暁星寮を正式に外寮として認めたという事実、彼女が日本女子大学校の教壇に立ちながら、学外で多くの学生たちをクリスチャンとして育てていったという事実は、キリスト教伝道のユニークな形として大きな意味をもつと考えられる。

(3) 日英文化交流の懸け橋として

宣教師(missionary)とは、必ずしも福音を伝える人(evangelist)と同義語ではない。宣教(mission)という言葉の意味は、人びとをキリスト教徒にすること(conversionism)に留まるものではないだろう。……宣教師たちは、世界の多くの場所で、宗教と文化を学ぶことに努めたまさに最初の人たちなのだ。[29]

宣教師の大きな任務が福音を宣べ伝えることであるのは、誰でも知っている。だが宣教師の多くは、遠く異教の地において、その国の人間、言語、文化、社会、宗教、風俗などを学び、それをキリスト教伝道の体験とともに本国に伝達するという先駆的な役割をも果たしていた。これはフィリップスについても当てはまる。

彼女は日本女子大学校の英文学部の教室や暁星寮において英国についての知識を与えただけでなく、[30]『家庭週報』(三八、四七、三一二、六六六、六六八号)を通して、英国人の交際の仕方、英国の学生の社会活動、第一次世界大戦中の英国社会、大戦後の労働者の失業、セツルメント活動など、日本の近代化の手本であった英国を紹介しているが、同時に、英国へ向けて、日本の女子教育史、家族制度、日本女子大学校の雰囲気、ユニークなカリキュラム、厳しい学校の寮生活、興味深い展覧会、女子教育に情熱を燃やす成瀬校長、優秀な学生たち……など、日本の女子高等教育についての情報を送りこんでいる。フィリップスは、休暇で一時帰国する折にも、「私は、日本に居ても、英国に居ても日本の為に働きたいと存じます。……政治家は、国と国との間に、同盟を形造ることは出来ます。けれども、心情と心情とを結びつけることは出来ませぬ。……」(『家庭週報』一〇七号、一九〇七年)と記し、英国の母校、ケンブリッジ大学で日本女子大学校と日本の姉妹について、そして日本の思想と理想について話す機会をもちたい、と意気込むのだった。日本女子大学校の情報を開学の頃から数十年にわたって英国へ送った人は、フィリップスを除けば他に誰もいなかったであろう。

こういった情報が当時の英国民にどの程度歓迎されたかは、すでに記したように不明ではあるが、それは、高等教育を受けた英国女性の眼に映った日本の女子高等教育の一例としてまことに貴重な史料であることは間違いない。明治から大正にかけて来日した宣教師たちは、単にキリスト教伝道の先駆者というだけでなく、当時の「双方向情報ハイウエイ」であった。彼らが滞在国について本国へ送った情報は、ほとんど印刷され、その印刷の内容が本国一般国民のその国についての認識を左右したのである。宣教師たちは、欧米のキリスト教圏とアジアの諸宗教圏との相互理解を深めるという、文化史上重要な役目を果たしていたのである。

現在のように情報が一瞬にして世界に飛びかう時代と違って、当時は、外国に居住する人の数も少なく、「日英同盟」が結ばれていても、日本と英国の双方がそれぞれ相手国の伝統・生活の実態・ものの考え方などを理解することは困難であった。女子高等教育の現場で長年仕事をしただけでなく、暁星寮でその学生たちと生活を共にし、また日白聖公会を中心にキリスト教伝道に携わったフィリップスの活動は、日英の文化交流という意味でも大きな意義をもっていたのである。(31)

日本女子大学は、二〇〇一年に創立一〇〇年を迎え、早くも創立一二〇年を目の前にしている。その記念すべき時に、草創期から約四〇年間日本女子大学校の教育に貢献して学生たちの人格形成に大きな感化を与え、日本女性の地位向上に寄与した英国国教会宣教師E・G・フィリップスの生涯を顧みることは、彼女の存在を思い出す人がほとんどいなくなった今、特別の意味をもつであろう。信仰のいかんにかかわらず、フィリップスが示した献身の生涯、至誠と愛の精神、そして高等教育の恩恵を受けた学生は日本の国、そして世界人類のために、その能力を捧げなければならないという教えなどは、新世紀においてさらに発展させるべき伝統ではないだろうか。

コラム

フィリップスが育った家庭

英国では、一八〇一年から現在に至るまで一〇年に一度ずつ国勢調査（名前、年齢、生誕地、職業）が行われ（世界大戦中の一九四一年を除く）、調査票は調査実施後一〇〇年を経ると一般に公開される。

一八八一年、フィリップスが八歳の時に行われた国勢調査（1881 British Census Household Record）によると、彼女の家族は、父親 George Philipps（五五歳、ウエイルズ生まれ、英国国教会牧師）、母親 Gertrude（三九歳、ロンドン生まれ）、そして三人の姉 Ethel（二〇歳、未婚）、Sybil（一八歳、未婚）、Madeline（一一歳）、妹 Winfred（五歳）、弟 Arthur（三歳）となっている。彼女を含めて八人のこの家族は、Servant（Cook 二三歳）、Servant（Housemaid 二三歳）、Servant（Nurse 二二歳）と記された三人の女性たちと一緒に住んでいるから、彼女は、現在の目から見れば、一一人という大世帯の中で育ったと言えよう。

調査が行われた場所は、イングランドのドーセット州 Winfrith Newburgh で牧師館に住んでいたようだ。

フィリップスの父親はウエイルズとの関係が深かったオックスフォード大学ジーザス・コレッジ（Jesus College）で神学を学び、一八六八年から八五年まで国教会のウィンフリス教会（Church of Winfrith）の牧師を務め、その後はイングランド南西部バース（Bath）に居を移している（*Crockford's Clerical Directory for 1896*による）。

フィリップスが日本で在籍していた東京の目白聖公会に残された彼女自身が書いた記録を読むと、ウィンフリス教会で洗礼を受けたフィリップスは、一八八七年三月一八日に、温泉で有名な観光地バースのセント・メアリズ・チャーチ（St. Mary's Church）で堅信礼を受け、ケンブリッジ大学ニューナム・コレッジに入学前はバース・ハイスクールで学んだ。

私は、二〇〇五年の夏、フィリップスが少女時代を過ごしたバースを訪れた。出発の前に東京から、彼女が堅信礼を受けたセント・メアリズ・チャーチの牧師に手紙を書き、彼女の堅信礼のことや牧師であった父親についての情報を求め、私のバースにおける滞在ホテルの名前も記した。何とそのホテルでは、その教会の地域の歴史研究会（The Bathwick Local History Society）の会長からの手紙が私を待っていたのである。

手紙には、一八八七年三月一八日の教会の記録は堅信礼が行われたことを述べているが、その儀式に臨んだ人の名前は記していない。フィリップスの両親の墓は、この教会の墓地にあり、次のように刻まれている。

In Loving Memory of
George Philipps
Priest
who entered into rest
January 16 1898 Aged 71

In Loving Memory of
Gertrude Marianne
Philipps
who entered into rest
March 29 1909 Aged 67

しかし、現在は地面が荒れ果てていて、近くに行くことは困難である、とあった。

この親切な手紙に感激した私は、翌日セント・メアリズ・チャーチを訪れた。一九世紀の初めに建てられたというこの教会は、見事なゴシック建築の大聖堂で、私はフィリップス家の精神的支柱であったこの教会の席に座って、フィリップスの約四〇年にわたる日本における献身に思いを馳せた。

コラム

フィリップスのメッセージ

一九三九（昭和一四）年四月、日本女子大学校英文学部に入学した一年生に宛てて、フィリップスは英語でメッセージを出した。それを翻訳して、ここに紹介しよう（『家庭週報』一四二七号より）。フィリップスは、勉強をするのは「永遠の生命（Eternal Life）」を得るためだと述べている。

英文学部一年生へ

イングランドの女学校のホールには、次のようなモットーが書かれています。「私たちは、学校のためではなく、生命のために勉強をするのです。私たちは、限られた時間のためではなく、永遠のために勉強をするのです」。私は、皆さんに、これらの言葉をモットーにして頂きたいと願っています。

一　勉強をする時には、「急がば回れ」ということわざを思い出して下さい。すなわち、毎日、次の日のために予習を始める前に、その日に学校で学んだことを復習して下さい。忙しい時には、すぐに新しい勉強にとりかかりたくなります。復習に時間を使うのは難しいことですが、たゆまずに復習をすれば、皆さんは、もっと急速に進歩をし、結局、時間を節約できるのです。

二　その日のために先生が出した課題を成し終えた時に、自分の義務を果たしたと思わないで下さい。皆さんは、今や、女子大学校の学生なのですから、自分自身の勉強の計画づくりをしなければなりません。

三　先生が、英語を教えて下さると思ってはいけません。先生は皆さんをただ導くだけです。皆さんの進歩は、御自身の勉強にかかっています。皆さんの英語を話す力はすべて、毎日、自分自身で練習することにかかっているのです。

四　試験が最も重要なものと思いたくなる誘惑に打ち勝ちなさい。この学校では、試験よりも日々の勉強に重きを置いているのです。

五　外国語を学ぶのは、疲れることです。毎日規則的に運動をして、身体を強くしなければなりません。頭が疲れた時には、ベッドに入ってはいけません。外に出て歩きましょう。

六　女子大学校で過ごす時間は、社会に出た時の皆さんの場所を準備しているのです。それゆえ、学校生活のあらゆる面で、忠実でありなさい。他の人との協力、他の人への奉仕は、勉強と同じくらい大切なのです。次の言葉を覚えていて下さい。「小さなことは、小さなことです。しかし、一見してつまらないことであっても、それを大切にするのは、とても重要なことなのです」

七　皆さんは、自分自身の力だけで自分の天職を成し遂げることはできません。それゆえ、毎日、天にまします父（神）に祈り、神と交わる時間をもたなければなりません。神からのみ、皆さんは、永遠の生命（Eternal Life）を受けることができるのです。

E・G・フィリップス

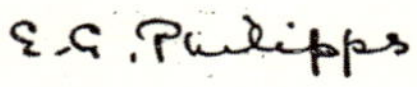
（フィリップスの署名）

コラム

日本女子大学学長上代タノは、フィリップスの愛弟子

私は暁星寮で学生時代を過ごした一人であるが、その当時受けたフィリップス先生の懇切な薫陶は終生忘れることができない。また先生から受けた感化は一生涯私を支配した。

フィリップス先生は、自分の知識も能力も、あらゆるものを私どものために使いつくされたのであります。私どもを教導することを自分の天職、すなわち神に仕えるただ一つの道としておられたのであります。私はこのごろつくづくと先生はほんとうに生きた本物のキリスト者であられたと、あらためて尊敬せずにはおられません。

この二つの文章は、フィリップスの逝去後、暁星寮出身者たちが発行した追悼文集『おもいで』に上代が書いた二篇のエッセイの一部である。上代は日本女子大学校在学中（一九〇五―一〇年）開設まもない暁星寮で生活し、フィリップスの指導を受けて東京牛込にある日本聖公会のバルナバ教会で受洗。その受洗にあたっては、フィリップスから聖書が贈られた（この聖書の写真は本書口絵に掲載）。そこにはフィリップスの手で"Be thou faithful unto death and I will give thee the Crown of Life."（死に至るまであなたは忠実であれ。そうすれば、命の冠を与えよう）というヨハネの黙示録の言葉（二―一〇）が記され、Hilda Tano Jodai, in memory of her Baptism Dec.

24, 1909, from E. G. Philipps とあり、上代の洗礼名がヒルダであったことを伝えている。

ヒルダとは七世紀に現在のイングランドで修道院長として活躍した女性の名前で、彼女はこよなく学問を愛し、「教育の聖人」として崇められたというから、上代にはふさわしい洗礼名であったと言えよう。

上代は、米国のウエルズ女子大学に留学し修士号を取得したあとも、日本女子大学校の教壇に立ちながら、一時期、暁星寮で過ごした。フィリップスは英国への報告文のなかにそれを記し（一九一七年）、「彼女の寮における影響力はとても貴重だ」と喜んでいる。第二次世界大戦の勃発は、この二人の交流を途絶えさせたが、戦後にフィリップスが上代に宛てた数多くの書簡（日本女子大学成瀬記念館所蔵）を読むと、高齢になったフィリップスが、暁星寮の娘、上代の活躍を嬉しく思う気持ちとともに、多忙な上代の健康を気づかう母親のような言葉があふれている。

上代はのちにクエーカー教徒となったが、しかし上代の「婦人国際平和自由連盟」や「世界平和アピール七人委員会」などにおける活躍、確固たる平和思想の源には、キリスト教徒として女子高等教育に献身したフィリップスの教えがあり、またフィリップスに日本での活躍を断念せしめた戦争、愛する者たちを敵と味方に分断し多くの人たちの命を奪った戦争に対する強烈な批判があったのだろう。

なお、日本女子大学校を新制大学にするための書類を集めた『新制日本女子大学成立関係資料』におけるＧＨＱ関係文書を見ると、上代は、Hilda Tano Jodai と洗礼名を使って請願書に署名している。

コラム

大戦近づきフィリップスも帰国

フィリップスなど宣教師たちは、世界大戦が近づくにつれ帰国を余儀なくされた。彼女が在籍した東京の目白聖公会の『目白教報』（一九四一年四月二五日）によれば、三月九日の主日礼拝においては、フィリップスの目白聖公会に対するこれまでの指導に感謝が表され、牧師は「我が去るは汝らの益」という説教のなかで、

宣教師の方がお帰りになるのは他からの命令に支配せられて居るのではなく、全く自発的に自分達が去るのが日本の為に益であると考へられた結果であります。

……目白聖公会がその信仰の土台の意義を教へられたのはフイリツプス、チヨープ両先生のお蔭でありました。私が此の教会に於ける十七年間の経験について云ひましても信仰、礼拝の順序、設備等に如何程力になつて頂いたか、両先生に深く感謝して居る点であります。又両先生は身を以て働かれ又人をもよく働かせて下さいました。教会の人々を総動員してよく色々の方面に働きを伸ばして下さいました。

……両先生が去られることは私共が一段と飛躍して神の力を現はす機会を与へられるのではないでせふか。「我が去るは汝らの益なり」、それが両先生の動機であるならば、それは新しい団結力を私共に与へることになると思ふのであります。

と語ったと記されている。ちなみに、「我が去るは汝らの益」は、新約聖書のヨハネによる福音書（一六―七）の言葉である。

他方、日本女子大学校では当時の英文学部長上代タノの名前で「送別感謝会」の催しが急遽通知され、東京にいる英文学部卒業生、暁星寮出身者など二〇六名が集まって約四〇年間にわたるフィリップスの英語教育、全人的教育に感謝の気持ちを表した。「英文学部の基礎を固め、暁星寮を通して全校生に慈母の愛を注いで下さつたフイリップス先生を、嵐が過ぎた日に再びここに迎へたい……」（上代）、「国際情勢がどの様に最悪の場合があらうとも、日本の弟子たちは先生をお守りするだらう、と申し上げてきたのに……」（井上校長）、「かつては日英同盟の締結を喜び、日露戦争の勝利の提灯行列においてはあらん限りのお声で『大日本万歳』を叫び続けられた先生の今のお心はどんなであらうか……」（英文学部四年生）などの言葉が『家庭週報』（一九四一年三月一四日）に記録されている。と同時にこの記事の最後には、「『戦争がどんなものであるか、国土内に戦場を経験したことのない幸せな皆さんには分らないでせう』と言はれたミス・フイリップスの言葉、肉親をご案じになる先生の言葉に、動かしがたい現実の厳粛な問題が感じられ、師を想ふ教へ子たちは、今は、先生をその故国にお送りすることが最も先生を想ふ道であつたかとも考へうる理性を見出すのであつた」とあり、戦争がもたらす別離の悲しみを今に伝えている。

この「送別感謝会」の終了後、フィリップスを真中にして写真も撮られ、その写真は不思議な縁で私の所に二〇〇三年に届けられたので、それを本章の「6　日本との別れ」に掲載した。写真の裏には「昭和一六年三月六日、ミス・フィリップス送別記念、日本女子大英文館前」とある。

E. G. フィリップス年譜

1872	英国 Dorsetshire の Winfrith 教会の牧師館で Rev. George Philipps と Gertrude Marianne の娘として生まれる（9月25日）
	Winfrith 教会で受洗（11月1日）
1887	St. Mary's Church（Bathwick, Bath）で堅信礼を受ける（3月18日，14歳）
?	Bath High School 卒業
1891〜1895	Newnham College, Cambridge で自然科学を専攻
1895〜1896	Newnham College にて化学実験助手
1896〜1897	Bradford Girls' Grammar School 教師
1898〜1899	Newnham College にて生物形態学助手
1899〜1901	Newnham College にて動物学講師
1901（明34）	聖ヒルダ伝道団のメンバーとなるために来日（29歳）
	麻布永坂町の香蘭女学校教師（11月〜？）
1902（明35）	女子英学塾（現在の津田塾大学）で教える
1903（明36）	日本女子大学校英文学部教授（4月〜1941年3月）
1904（明37）	聖ヒルダ伝道団によって開設された暁星寮（東京市小石川区雑司ヶ谷町108）の寮監となる（9月〜1941年4月）
1906（明39）	暁星寮にて寮生と共に地域の子供たちのための日曜学校開設
1907（明40）	休暇で1年間英国へ（6月29日出航）．暁星寮におけるフィリップスの仕事は Newman，Pringle，細野が行う
1908（明41）	ロンドンで開催された「全聖公会会議」で，日本女子大学校の教育について発表（6月）．日本へ戻る（8月19日）
1910（明43）	エディンバラで開催された「1910年世界宣教師会議」に報告書提出
1911（明44）	暁星寮にて寮生と共に東京盲学校生徒の希望者にキリスト教教育を開始
1912（明45）	暁星寮が日本女子大学校の外寮となる
1914（大3）	休暇で1年間英国へ．暁星寮におけるフィリップスの仕事は Ruth M. Wordsworth が行う

1915（大４）	日本へ戻る（３月20日）
1917（大６）	フィリップスの仕事を助けるために英国から来日した姪のChope（28歳）を暁星寮に迎える（３月）
1918（大７）	６月に創設された「目白講義所（1923年より目白聖公会と名称が変わる）」に，牛込の聖バルナバ教会より移籍（７月）
1921（大10）	休暇で１年間英国へ（５月26日出航）．暁星寮におけるフィリップスの仕事は Theodora C. Williams と Chope が行う
1922（大11）	日本へ戻る
1929（昭４）	休暇で１年間英国へ（４月出航）．暁星寮におけるフィリップスの仕事は I. M. C. Druitt と Chope が行う
1930（昭５）	日本へ戻る（３月）
1935（昭10）	休暇で１年間英国へ（４月26日出航）．暁星寮におけるフィリップスの仕事は Stockdale，Foss，Chope，南が行う
1936（昭11）	日本へ戻る（３月15日）
1938（昭13）	腎臓病のため聖路加病院に入院（４月）
1941（昭16）	日英関係悪化のため Chope と共にカナダへ（５月６日，68歳）
1944（昭19）	Chope と共にカナダから英本国に帰国（８月）．100 Hare Hill, Addlestone, Surrey に住む
1953（昭28）	日本女子大学文学部英文学科にフィリップスを記念して「フィリップス賞」が制定される
1961（昭36）	長きにわたり共に生活をしていた Chope（73歳）の逝去
1963（昭38）	日本女子大学名誉教授（10月31日，91歳）
1965（昭40）	Surrey 州の nursing home で逝去（５月12日，92歳８か月）

注

序文

（1）*Guide to the Cheltenham Ladies' College* (Cheltenham Ladies' College, 1931), p. 29.
（2）Ibid., p. 36.
（3）本書第四章の注2を参照。
（4）私は、ロウズ・ハウス・ライブラリィで福沢諭吉と慶應義塾に関わる、来日英国国教会宣教師の報告書約一五〇通も見出すことができたので、それを使って次の書を著した。『福沢諭吉と宣教師たち――知られざる明治期の日英関係』（未来社、一九九九年）。
（5）英国側の史料の主なものとしては、Cheltenham Ladies' College, オックスフォード大学の St. Hilda's College, Bodleian Library, Rhodes House Library, ケンブリッジ大学の Hughes Hall, Newnham College, ロンドンの National Archives などが所蔵するもの。その他、当時のロンドン発行の *The Times*, 南ウエイルズ発行の *The South Wales News* などの新聞を使用した。本書「主要参考文献」中の一次史料を参照。
（6）日本側の史料の主なものとしては、津田塾大学津田梅子資料室、日本女子大学成瀬記念館、外務省外交史料館、日本聖公会、目白聖公会（東京）、香蘭女学校（東京）、横浜開港資料館などが所蔵するもの、その他、明治期の女性雑誌と新聞を使用した。本書「主要参考文献」中の一次史料を参照。
（7）アーダス・バークス編、梅溪昇監訳『近代化の推進者たち――留学生・お雇い外国人と明治』（思文閣出版、一九九〇年）、二一一八頁。

（8）注7に記した書の二四九頁（大学レヴェルの教育機関で教えた外国人教師）と一六九頁（日本人留学生の渡航先）。

（9）一九〇〇（明治三三）年には、東京女医学校（現在の東京女子医科大学の前身）も開学した。

第一章　津田梅子が体験した英国の女子高等教育

（1）『津田梅子文書』（津田塾大学、一九八〇年／改訂版、一九八四年）、二六三—三四四頁。「ロンドン日記」の執筆は、梅子の米国の母ランマン夫人に滞英の状況を知らせることも一つの目的であった。そのことは、*The Attic Letters: Ume Tsuda's Correspondence to Her American Mother* (New York: Weatherhill, 1991), p. 343を参照。

（2）吉川利一『津田梅子』婦女新聞社、一九三〇年（中央公論社、一九九〇年）。吉川利一『津田梅子伝』津田塾同窓会、一九五六年。山崎孝子『津田梅子』吉川弘文館、一九六二年（新装版、一九八八年）。大庭みな子『津田梅子』朝日新聞社、一九九〇年。Furuki, Yoshiko. *The White Plum: A Biography of Ume Tsuda*. New York: Weatherhill, 1991. 古木宜志子『津田梅子』清水書院、一九九二年。髙橋裕子『津田梅子の社会史』玉川大学出版部、二〇〇二年。亀田帛子『津田梅子——ひとりの名教師の軌跡』双文社出版、二〇〇五年。なお古木と亀田の著書は、梅子の英国滞在について従来のものよりも頁数を多くとっている。

（3）史料発見の経緯については、本書の「序文」を参照。

（4）英国国教会の海外伝道団体の一つで約三〇〇年の歴史をもち、二〇一六年からはThe United Society Partners in the Gospel（ＵＳＰＧ）と呼ばれている。このＳＰＧが最初に日本へ送りこんだ（一八七三年）宣教師Alexander C. Shawによって創立された東京芝の聖アンデレ教会の礼拝に梅子は出席している。そのことは、*The Attic Letters*, p. 50, p. 172, p. 178, p. 196, p. 199, p. 222, p. 241, p. 305, p. 310を参照。

（5）"The Question of Work among Men for Women Missionaries in Japan"という意見書で、女性の宣教師が男性と一緒に

仕事をすることが日本社会ではどのように見られるかを論じたもの。梅子は、これは外国の習慣として大目に見られるであろうが、他方これによってキリスト教は日本の習慣を覆す危険なものとも見なされるので、状況に応じて注意して行動するよう例を挙げながら説明している。この意見書は、後述するオードリィ主教の手紙と一緒に綴じられているので、オードリィが日本からSPGに送ったと考えられる（分類番号 USPG CWW214）。

（6） 旧姓渡辺筆子（一八六一―一九四四年）。フランス留学の経験があり華族女学校のフランス語の教師、私塾静修女学校校長。夫と死別し（一八九二年）、東京にある、知的障害児のための施設、滝乃川学園園長石井亮一と再婚（一九〇三年）。晩年には彼女自身が園長になった（一九三七年）。石井筆子『過にし日の旅行日記――明治三一年米国に使せし折の顛末』（滝乃川学園印刷所、一九三二年）（私家版）には、彼女が英国への招待を断わった問題についての記述がある。

（7） 一一月五日については『津田梅子文書』改訂版五四九頁の年表を、一一月一二日については後述する外務省外交史料館所蔵の史料⑰の文書を参照。

（8） 注4を参照。

（9） オードリィ夫人（Frances Awdry）は *An Elder Sister: A Short Sketch of Anne Mackenzie and Her Brother the Missionary Bishop*（1878）をはじめ一〇冊以上の書を著しており、日本に関しては、*Daylight for Japan: The Story of Mission Work in the Land of the Rising Sun*（1904）がある。注50を参照。

（10） 津田塾大学津田梅子資料室は、在米日本公使館が梅子に出した文書三通を所蔵している。一通は、英国からの招待を知らせ、この招待を受けるようにという指示が外務省からあったことを記しており（一八九八年九月二六日付）、他の二通は在英公使加藤高明から在米日本公使館に送られてきた、英国の女性たちからの招待文のコピーであり、これは外務省外交史料館所蔵の史料⑨⑩の文とまったく同じものである。

（11） 注6を参照。

(12) "Chronicle," *The Cheltenham Ladies' College Magazine* (Autumn 1898), p. 336.

(13) Samuel Bickersteth, *Life and Letters of Edward Bickersteth, Bishop of South Tokyo*, 2nd ed. (London, 1901), pp. 189-91. 梅子の論文とは、*The Japan Weekly Mail*（一八九八年一一月一九日、二六日、一二月三日）に掲載された "Japanese Women"。

(14) *The Attic Letters*, p. 417.

(15) *South Tokyo Diocesan Magazine*, 12, No. 36 (1908), p. 66; 15, No. 46 (1911).

(16) Marion H. Bickersteth, *The Christian Opportunity in Japan* (London: SPG, 1921), p. 4.

(17) Samuel Bickersteth, p. 13.

(18) 歴代のヨーク大主教の文書を保存しているBorthwick Institute of Historical Research（University of York）の Director, Mr. David Smith からの私信によると、マクラガン大主教の秘書は、彼の厖大な私的文書を破棄したことで知られており、梅子訪問に関する文書は何も残っていないとのことであった。

(19) ウエストコットから贈られた *The Gospel of Life* は津田塾大学津田梅子資料室が所蔵しており、その中表紙には「ミス・ツダへ、Auckland の思い出に、Bishop of Durham と L. Mary Westcott より、一八九九年一月二日」と記されている。

(20) トリストラムが書いた日本に関する記述は、母校の *The Cheltenham Ladies' College Magazine*（Spring 1895）に掲載されている（一二二―一三〇頁）。ヒューズについては、本書第二、三章を参照。梅子は滞英中ケンブリッジでヒューズに会い、ヒューズから多くを学んだと記している（『ロンドン日記』改訂版 二七四および二七八頁）。ヒューズの滞日経験は、母校の *The Cheltenham Ladies' College Magazine*（Autumn 1904）に掲載された（二五六―六一頁）。

(21) 下田歌子は一八九五年にビールを訪問しており、白井はCLCのアーカイヴズで彼女のビール宛の礼状五通を見出した。

日本女子大学校の学監麻生正蔵は、ＣＬＣの創立五〇周年（一九〇五年）に出席し祝辞を述べた（"The Jubilee Celebration," *The Cheltenham Ladies' College Magazine*〈Autumn 1905〉, p. 194を参照）。麻生のＣＬＣ訪問については、本書第二章「8　心は東洋の英国、日本にあり」中の（2）日本女子大学校の教育者たちを接待、を参照。

（22）一八七九年に創立されたサマヴィル・ホールは、英国国教会などの宗派とは一線を画した女子コレッジで、創立者は、当時偉大な女性科学者の一人として国際的にも認められていたMary Somerville。梅子はサマヴィル・ホールで英文学の個人指導を受けた（注36を参照）。

（23）ビショップ（一八三一―一九〇四年）は、旅行家として著名であるが、聖職者の家庭に育った彼女は、夫の死後ロンドンで医学を学び、医療宣教師としてインドに行っている。「ロンドン日記」によれば、梅子はケンブリッジで、講演に来ていたビショップと会い、夕食会では彼女の希望に応じて和服を着た（改訂版二七〇―七一頁）。

（24）故Lord Frederick Cavendish の夫人（一八四一―一九二六年）。夫の死後社会改革者として宗教教育、特に女子教育の向上に力を注ぎ、この業績を記念してケンブリッジ大学には、女子大学院生のためのLucy Cavendish Hall がつくられた（一九六五年）。

（25）Alfreda Arnold, *Church Work in Japan* (London: SPG, 1905), pp. 45-47. 著者のアーノルドは、ＣＬＣを経てオックスフォードのセント・ヒルダズ・ホールで学び、ここで梅子に会っている。また、この書の五三頁で梅子に言及しており、ＳＰＧの宣教師として来日した折には、東京女学館で英語を教えた。

（26）Ibid., p. 48.

（27）ＳＰＧのアーカイヴズ所蔵の、ウエストンよりＳＰＧ宛の手紙（一八九九年八月一五日付）（分類番号 USPG CWW 214）、ＳＰＧよりウエストン宛の二通の手紙の写し（一八九九年八月一一日付と一九〇〇年七月六日付）（分類番号 USPG CWW200）。

（28）ＳＰＧのアーカイヴズ所蔵のＳＰＧよりウエストン宛の手紙の写し（一九〇〇年一二月二八日付）（分類番号 USPG CWW201）には、この問題についての記述がある。『学習院女子中・高等科一〇〇年史』（学習院女子中・高等科、一九八五年）の旧職員名簿にはウエストンの名前がある（一三一頁）。

（29）本章の末尾に記すコラム「ナイチンゲールを訪問した津田梅子」を参照。

（30）*The Attic Letters*, p. 343.

（31）ＣＬＣの Archivist, Mrs. Janet Johnstone からの手紙によると、この数字は一八九八年三月一七日の調査。

（32）Gillian Avery, *The Best Type of Girl: A History of Girls' Independent Schools* (London: André Deutsch, 1991), p. 218.

（33）Ibid., p. 93.

（34）セント・ヒルダズ・コレッジのアーカイヴズに保存されている、二代目の学長（梅子在籍当時は副学長）Christine M. E. Burrows による手書き原稿（大型罫紙約七〇枚、未出版）「セント・ヒルダズ・コレッジの歴史」の第五章には、「われわれの最初の外国人学生は一八九九年に来た日本の東京の華族女学校教師、ウメ・ツダであった。……彼女は、短期間 refresher course をとった」とある（梅子の前にインドから学生が来ているが、インドは当時英国の植民地なので外国人学生ではない）。一九世紀のオックスフォードには、St. Hilda's Hall 以外に Lady Margaret Hall, Somerville Hall, St. Hugh's Hall の女子コレッジがあったが、いずれも日本女性を受け入れたのは二〇世紀になってからのことである。

（35）*The Encyclopedia of Oxford* (London: Macmillan, 1988), p. 117と Vera Brittain, *The Women at Oxford: A Fragment of History* (London, 1960), p. 105を参照。

（36）セント・ヒルダズ・コレッジのアーカイヴズに保存されている、二代目の学長（梅子在籍当時は副学長）を退任した C. M. E. Burrows より Secretary の Thornton 宛の手紙（一九四九年一〇月二七日付）には、五〇年前の梅子の思い出が書かれ、「われわれは当時英文学のテューターをもっていなかったので、彼女をSomerville HallのSheavynの所に送った。彼女は一七世紀の文学を学んだ。……彼女の手紙によると、日本へ帰国してから、東京で女子学生のためにUniversity Hallを創立しようと試みたが充分なお金を得るのは困難であった。日本では他の教育機関が無料であったから、ほとんどの親たちは娘のためにお金を支払おうとしないそうだ」とある。

(37) 梅子の登録署名は*Bodleian Admissions Register* 1895–1906（Library Records b. 516）に、推薦状は*Readers Admissions* 1898–9（Library Records b. 551）に見出せる。推薦者は、Ernest de Selincourt（University Lecturer in English in 1899）。梅子のボドリアン・ライブラリィについての記述は、「ロンドン日記」（改訂版 三二九―三〇頁）を参照。

(38) 『女鑑』（一八六号、一八九九年）は、梅子のオックスフォードにおける講演は日本女性の地位の変遷に関するもので喝采を浴びた、と報じている（七二頁）。

(39) *St. Hilda's College Memorabilia*（Oxford: St. Hilda's College）, p. 10.

(40) 「ミセス・バロウズはいろいろ大変親切にして下さったので、私は彼女を喜ばせたい」（「ロンドン日記」改訂版 三三〇頁）。

(41) 梅子がロンドン滞在中に宿泊したLady Pearsonの住所。Lady Pearsonは、南東京地方部主教オードリィのいとこ。*The Attic Letters*, p. 342を参照。

(42) *The Attic Letters*, p. 346と、ビカステス夫人より梅子宛の手紙（一八九九年四月六日付、津田塾大学津田梅子資料室所蔵）を参照。

(43) 『女学雑誌』（四九二号、一八九九年）の三八頁を参照。

(44) バロウズが梅子に贈った詩集は、*The English Poets*, edited by T. H. Wardで、詳細は*The Attic Letters*, p. 368とp. 374を参照。

(45) ビールの秘書ゴアよりセント・ヒルダズ・ホールの学長E・E・バロウズ宛の手紙（一九〇一年三月三〇日付、セント・ヒルダズ・コレッジ所蔵）。

(46) SPGのアーカイヴズ所蔵のSPGよりウエストン宛の手紙の写し（一八九九年八月一一日付）（分類番号 USPG CWW200）。

(47) SPGのアーカイヴズ所蔵のSPGよりウエストン宛の手紙の写し（一九〇〇年七月六日付）（分類番号 USPG CWW 200）。

(48) この当時、SPGと密接に関わりながら、しかも半ば独立した組織として女性宣教師を海外に送り出していたのは、女性伝道会（Women's Mission Association）であった。この会の目的は、教育を与えることによって女性たちを文明に導き、キリスト教徒にしようというもので、一九〇〇年には医師六人を含めた一八六人の女性宣教師が世界に派遣された。日本に関して言えば、「男女七歳にして席を同じうせず」という言葉があるように、男性宣教師が日本女性に直接キリスト教を教えることは難しかったので、女性宣教師による広い意味での教育とキリスト教教育が大いに期待された。また梅子は、日本女性は、家父長制度や、女性を男性よりも劣る存在として見なす仏教の影響を受けて狭い世界に生きているから、日本女性の地位を高めることができるのは、神の前で男女は平等であることを基礎にしているキリスト教のみである、と主張する。この梅子の考えに影響されて南東京地方部主教故ビカステスは、日本女性の教育のために聖ヒルダ伝道団を一八八七年に私的に創設している。詳細は、本書第四章の「1　聖ヒルダ伝道団」を参照。

(49) SPG宣教師の慶應義塾に対する熱い視線については、拙著『福沢諭吉と宣教師たち――知られざる明治期の日英関係』（未来社、一九九九年）を参照。

(50) Frances Awdry, *Daylight for Japan* (London: Bemrose & Sons, 1904), pp. 168-174に引用されたフィリップスの女子英学塾についての報告を要約すると、学生数は約八〇人でキリスト教徒が多く、ミス・ツダと聖ヒルダ伝道団のメンバーが指導しているバイブル・クラスには、強制ではないにもかかわらず出席者が多い。ミス・ツダは、学生に、良い教師になるだけでなく、日本の女子教育に欠けている自立の精神を身につけることを願っており、これはすでにかなり成功をみている。敬虔なキリスト教徒である学生が先生となって日本中で活躍した時、彼女たちの次の世代への影響は価値あるものに違いない。フィリップスは日本女子大学校では約四〇年にわたり教壇に立っており、それについては、本書第四章を参照。

（51）梅子が米国の会議出席のために日本を出発した日はこれまで六月五日とされてきたが、梅子自身そして同行者小鹿島は六月三日と記している。*The Attic Letters*, p. 340と、注6に記した『過にし日の旅行日記』四頁を参照。

（52）『津田塾六十年史』（津田塾大学、一九六〇年）、六一頁。

（53）「津田梅子女史の談」、『教界評論』№七九（一八九九年）、一〇頁（『教界評論』は、米国聖公会系の人たちが発行していた）。

（54）『津田梅子文書』改訂版、二頁。

（55）*Guide to the Cheltenham Ladies' College* (*Illustrated*), 3rd.ed. (Cheltenham Ladies' College, 1931), p. 35を参照。

（56）『津田梅子文書』改訂版、一〇七頁。

第二章　エリザベス・P・ヒューズ

（1）『日本女子大学英文学科七十年史』（一九七六年）、一五頁。

（2）Pam Hirsch and Mark McBeth, *Teacher Training at Cambridge: The Initiatives of Oscar Browning and Elizabeth Hughes* (London: Woburn Press, 2004), pp. 119-20.

（3）Dorothea Beale（1831-1906）は注6に記すFrances M. Bussと並ぶ英国女子教育の大御所。ロンドンのQueen's College で学び、卒業後その学校で数学とラテン語を教えた。一八五八年からその死まで中等教育機関の Cheltenham Ladies' College の校長として君臨し、この学校の名声を確固たるものに高め、一九世紀末に設立された寄宿制の女子パブリック・スクールに多大な影響を与える。ビールは最初は慎重であったが教育科目に数学、科学、ラテン語、ギリシャ語を取り入れ、能力ある生徒にはオックスフォード、ケンブリッジ大学、あるいはロンドン大学に進学するよう励まし、彼女自身もオックスフォード大学内に女子コレッジの St. Hilda's Hall（現在の St. Hilda's College）を創設している（一八九三年）。チェルトナムの学校には日本の女子教育家下田歌子や津田梅子、そして麻生正蔵などが見学に訪れた。ビールについての詳細、津田梅子との関係については、本書第一章を参照。

（4）女性が学士の学位を取得することができるようになったのは、ケンブリッジ大学の場合は一九四八年。ちなみにロンドン大学では一八七八年、オックスフォード大学では一九二〇年。

（5）Hirsch and McBeth, p. 123.

（6）Frances Mary Buss（1827–94）は、注3に記したビールと並ぶ英国女子教育の大御所で、女子中等教育機関の North London Collegiate School を創立し（一八五〇年）、その死まで校長を務めた。女子高等教育の推進にも力を入れ、また女子中等教育の充実につながる良き教師の養成を重視してＣＴＣ創立を提案。ＣＴＣが創立されたあとも、彼女の相続人 Sophie Bryant と共にＣＴＣの発展を支え続けた。バスとビールの女子教育観については、Josephine Kamm, *How Different From Us: A Biography of Miss Buss and Miss Beale*（2012）を参照。

（7）Hirsch and McBeth, p. 114.

（8）Ibid., p. 134.

（9）Ibid., p. 135.

（10）著者のヒューズ（Mary V. Hughes, 1866–1956）は、注6に記したバスの学校 North London Collegiate School を卒業

後、ＣＴＣに入学。学士の学位をロンドン大学で取得。ロンドンの Bedford College の教師として活躍したが、彼女自身の自伝とも言うべき三部作（*A London Child of the 1870s*; *A London Girl of the 1880s*; *A London Home in the 1890s*.）の著者として一般には知られている。この三部作は、ヴィクトリア時代後期の女子教育を知る上で貴重な資料。

(11) M. V. Hughes, *A London Girl of the 1880s* (Oxford University Press, 1988), p. 103.

(12) Ibid., p. 109.

(13) Ibid., p. 115. 一九世紀イングランドにおいては、一つの学校にさまざまな宗派に属する学生を入学させることは危険と考えられていた。しかし、ＣＴＣには、カトリック教徒の学生も数人入学している。

(14) Ibid., p. 116.

(15) Hirsch and McBeth, p. 148.

(16) この永住の建物は、現在ケンブリッジ大学が正式なコレッジとして認めているヒューズ・ホールの主要な建物となった（本章本文の最後の文章と、本書口絵の写真を参照）。この建物の完成式典は、一八九五年一〇月一九日に盛大に行われ、この日には、女子中等教育の発展のために優秀な女性教員を育てようとＣＴＣの設立を提案したバス（Frances Buss）と、ＣＴＣの発展に多くの援助を与えたクラフ（Anne J. Clough、ヒューズの母校ニューナム・コレッジの学長）に対する感謝の印として、二本の樹木が新しい芝生に植えられた。

(17) たとえば一八九三年にシカゴで開催された万国博覧会における会議（Congress）中の女子教育部門に、ヒューズは英国の代表として出席している。Hirsch and McBeth, p. 198.

(18) 安井はＣＴＣの生活のなかで感じたことについては、次のように記している。「私がこの学校に入学して最も不思議に感じたことは、何等の規則もなしに、学生がよく規律的の生活をなすことであつた。……私は日本に於て厳格な師範教育を受けたが、其処には服従すべき多くの規則があつた。……生徒時代に於て最も心を用ひたことは、帰舎の門限に遅れぬことであつた。それ故私は、此寄宿舎に舎監もなく、校長も、教授も、学生も自由に外出して、何等の問題も起らぬ事を実に不思議に思つたのである。そして其後他の女学校を視察して、その寄宿舎に数日間を過した場合に於ても亦同様の状態を見たので、彼等は実に信用を重んずる国民であることを知つたと共に、彼我教育の根本精神に差異あることを認めざるを得ざるに至つたのである」（青山なを『安井てつと東京女子大学』青山なを著作集第三巻〈慶應通信、一九八二年〉、六〇頁）。

（19）古木宜志子他編「ロンドン日記」、『津田梅子文書』改訂版（津田塾大学、一九八四年）、二七四および二七八頁。本書第一章の注20を参照。

（20）渋沢栄一「老軀を提げて故成瀬氏の遺志完成に」、『成瀬先生追懐録』（桜楓会出版部、一九二八年）、三一二頁。

（21）青山なを『安井てつと東京女子大学』、四六頁。

（22）この講演「英国人の立場より見たる女子教育」は、ヒューズの講演をまとめた『英国の風俗』（知新館、一九〇二年）のなかに付録として入れられている。

（23）大野延胤「E. P. Hughes in Japan（1901-1902）」、『学習院大学文学部研究年報』第三六輯（一九九〇年）、三二七頁。

（24）『日本女子大学学園事典』（日本女子大学発行、二〇〇一年）三二〇頁には名誉教授について、「古くは一九〇二（明治三五）年ミス・ヒューズに与えられた記録が残るが、正式には新制大学になってから制度化された」とある。

（25）本書第四章を参照。

（26）"Extracts From Letters," *The Cheltenham Ladies' College Magazine*（Autumn 1902）, p. 285.

（27）大野延胤「E. P. Hughes in Japan（1901-1902）」、三四〇頁。

（28）本書の第三章に紹介するヒューズの著書『日本人学生のための英文学』（*English Literature for Japanese Students*）のなかの「②女子学生は文学作品から何を得るか」と「④日本の女子学生は英文学を学ぶべきだ」を参照。

(29) 注3を参照。

(30) 筆者が知る限りにおいては、一九〇五年の時点で三人のチェルトナム・レイディズ・コレッジの卒業生が、宣教師として日本で仕事をしている。その三人とは、大阪プール女学校の校長を三七年間務めたトリストラム（Katherine Tristram）、津田梅子と親しく、梅子のオックスフォード大学留学に関して重要な役割を果たしたウエストン（Maria Weston）、日本における英国国教会の宣教活動について著作を出したアーノルド（Alfreda Arnold）。トリストラムについては本書第一章の注20、ウエストンについては本書三五頁、アーノルドについては本書第一章の注25を参照。

(31)「在英麻生学監より」、『家庭週報』第二七号（一九〇五年七月一日）。

(32) 成瀬仁蔵「漫遊みやげ」、『家庭週報』第二一三号（一九一三年三月七日）を参照。

(33) 中嶌邦『成瀬仁蔵研究——教育の革新と平和を求めて』（ドメス出版、二〇一五年）、三二九頁。『渋沢栄一伝記資料』（渋沢栄一伝記資料刊行会、一九六二年）の四六巻には、姉崎正治談「帰一協会今昔談」が掲載されており、そこには、「其後世界各国と連絡用のレターペーパーを造り、それに標語として大正三年春から左のやうなのを用ひた。Concord and Cooperation between Classes, Nations, Races, and Religions.」とある（四一六頁）。

(34) W. Gareth Evans, *Education and Female Emancipation: The Welsh Experience, 1847-1914* (University of Wales Press, 1990), pp. 136–40.

(35) Hirsch and McBeth, p. 195.

(36) Ibid., p. 203.

(37) Ibid., p. 204.

(38) Evans, p. 151.

(39) 津田梅子が英国滞在中にヒューズと女子教育について語り合ったことについては、すでに記したが、ヒューズは一九〇一年九月一八日に女子英学塾を訪問し、女子教育について講演をしている。また同年一〇月三〇日には女子英学塾の本科生に対し英詩の教授も行った（『会報』第一号〈女子英学塾同窓会、一九〇五年〉、五頁）。

(40) 中嶌邦『成瀬仁蔵』（吉川弘文館、二〇〇二年）、一四一頁。

(41) 本章「7　盛大なヒューズのサヨナラ・パーティと『彪斯女史を送る文』」に紹介した成瀬の「彪斯女史を送る文」を参照。

(42)「英国婦人教育家ヒューズ嬢を問ふ」、『女鑑』第二四〇号（一九〇一年一一月五日）、九一―九四頁。

(43) University of London は一八七八年に、Manchester New College in London は一八七六年に、University of Durham は一八九五年にそれぞれ女性に学位を与える道を開いた。

(44) 美術教育については、佐藤淳介「E・P・ヒューズの経歴と日本における教育活動」、『大分県立芸術文化短期大学研究紀要』第三四巻（一九九六年）。礒部洋司「明治後期以降の我が国美術教育思潮に与えたE・P・ヒューズの影響に関する研究」、『文部科学省科学研究費補助金研究成果報告書』（二〇〇六年三月）。

体育教育については、木村吉次「ミス・ヒューズによるスウェーデン式体操のすすめ」、『中京大学体育学論叢』第一四巻一号（一九七三年）。高橋春子「明治30年代初めの女子体育論とミス・ヒューズによるスウェーデン式体操の推奨」、『中京大学体育学論叢』第三四巻二号（一九九三年）。曽我芳枝「女性におけるスポーツ・運動実践――東京女子大学の体育を中心として」、『東京女子大学紀要論集』第六五巻三号（二〇一五年）。

(45) 二〇一四年に発行されたヒューズ・ホールの卒業生のための雑誌 *Hughes* (21) には、「日本とヒューズ・ホール（Japan and Hughes Hall）」という記事があり（二六―二七頁）、そこには、ヒューズ・ホールの前身CTCに学生として在籍して、ヒューズと深い友情を結んだ安井てつを中心に、CTCを見学したことがある下田歌子、津田梅子などについての記述がある。また、一九〇一年に来日したヒューズが、開学したばかりの日本女子大学校の教授になったことについても触れられている。

第三章　E・P・ヒューズの著書『日本人学生のための英文学』と成瀬仁蔵

（1）『日本女子大学園事典』（日本女子大学発行、二〇〇一年）の二三一頁に記された『成瀬文庫目録』を参照。

（2）前掲『日本女子大学園事典』の二二九頁によれば、一九八四（昭和五九）年に開館した成瀬記念館の目的は、「創立者の教育理念と本学の歴史を明らかにし、建学の精神の高揚とその継承を図り、女子高等教育における本学の先駆的な役割をふまえて、今後の女子教育の進展に寄与することにある」。館内では、日本女子大学の創立者成瀬仁蔵についての常設展示の他に、毎年いくつかのテーマで展示を行っており、機関誌『成瀬記念館』の刊行（年刊）や、日本女子大学に関わる刊行物も多く出している。

（3）日英同盟は、ロシアの極東進出政策に対抗するために日本と英国の間に一九〇二（明治三五）年一月三〇日に結ばれた軍事同盟で、その後、一九〇五年と一九一一年に改定されたが、一九二三（大正一二）年八月一七日に失効。

（4）Thomas H. Huxley（1825–95）は英国の生物学者。「ダーウィンの番犬」という異名で知られるほどの進化論の擁護者。一八七〇年以後、ロンドン市の教育委員を務め、暗記主義の排除、身体の鍛錬、音楽・美術教育による情操の発達を主張して英国の初等教育の基礎づくりに影響を与えた。また進化論の擁護者ではあったが、聖書教育も重視した。特に高等教育においては、教養教育（liberal education）の重要性を説いている。

（5）Alfred Tennyson（1809–92）とともにヴィクトリア朝を代表する詩人である Robert Browning（1812–89）と、彼の妻 Elizabeth Barrett Browning（1806–61）を指す。ロバートの劇詩『ピパ過ぎゆく』（*Pippa Passes*, 1841）中の「ピパの唄」は、上田敏の訳詩集『海潮音』（一九〇五年）のなかに「春の朝」として訳出され、わが国では昔から有名。

（6）一八二四年にイタリアのナポリから英国へ政治的亡命をし、ロンドンの King's College のイタリア語教師となった Gabriel Rossetti の息子と娘を指す。息子の Dante Gabriel Rossetti（1828-82）は、画家・詩人で、ロンドンで芸術革新を唱えた青年グループのラファエル前派のメンバーの一人。もう一人の息子 William M. Rossetti（1829-1919）も文学者・芸術評論家。さらに娘の Christina G. Rossetti（1830-94）は詩人で、その真摯で敬虔な抒情詩、宗教詩は高い評価を得ている。

（7） 注3を参照。

（8） 福田徳三「ヴェーンチヒ教授ノ『東京帝国大学ニ於ケル経済学教授法改良意見』ヲ読ム」、『国民経済雑誌』第一〇巻一号（一九一一年）。この論文については、菊池城司『近代日本における「フンボルトの理念」――福田徳三とその時代』高等教育研究叢書五三（広島大学大学教育研究センター、一九九九年）、四五頁を参照。

（9） 大野延胤「E. P. Hughes in Japan（1901-1902）」、『学習院大学文学部研究年報』三六輯（一九九〇年）とヒューズの講演を要約した『英国の風俗』（知新館、一九〇二年）、さらには本書の第二章「エリザベス・P・ヒューズ――成瀬仁蔵を助けた英国女子高等教育のパイオニア」を参照。

（10） 前掲大野論文の三二九―三三〇頁、三三三頁を参照。

（11） 現在使用されている六一巻の『オックスフォード英国伝記事典』（*Oxford Dictionary of National Biography*, 2004）の前身の事典（*Dictionary of National Biography*）は、一九世紀終わりの一八八五年から一九〇一年にかけて全二二巻という形で連続出版され、以後は、一〇年に一巻ずつ補遺が加えられていった。しかし、ここに記した一九九三年版は、*Dictionary of National Biography*（*Missing Persons*）という特別の一巻である。これは、この事典に入れられるべきであったが収録されなかった人の伝記を集めたもので、女性の伝記が多く入っている。ヒューズも、この一九九三年版において初めて登場した。

（12） 本書第二章本文の最後の文章を参照。

（13）「漱石文庫」は、夏目漱石の旧蔵書三〇六八冊と、漱石の日記、ノート、試験問題、草稿などから成り、中心は英文学関係の書籍である。蔵書全体の三割に漱石自身の手による書き込みや傍線が入っており、東北大学図書館発行の解説によれば、この「文庫」を形成する書籍のほとんどが実際に漱石が手に取って読んだ本、あるいは、読もうとした本である点が漱石文庫の最大の特徴であるとのこと。これらは、すべて一九四三（昭和一八）年から四四年三月までに、当時東北帝国大学図書館長であり、漱石の愛弟子であった小宮豊隆の尽力によって大学に譲渡された。ちなみに、これらの重要書籍が保存されていた漱石山房（東京早稲田南町）は、一九四五年の大空襲で焼失している。

（14）注9に記した大野の論文を参照。

（15）この論文は、復刻版の『英語教授』（名著普及会、一九八五年）の第一巻三号、四号に所収。

第四章　四〇年間日本女子大学校の教育に献身した英国女性宣教師フィリップス

（1）フィリップス自身が書いたもので日本で公表されたのは、筆者の調査によれば次のとおり。
▽日本女子大学校同窓会桜楓会が発行する『家庭週報』に掲載されたものとして、「英国交際の一端」（三八号）、「英国女子大学生の貧民救助事業」（四七号）、「Prof. Miss Philipps's Address at Her Farewell Meeting」（一〇五、一〇七号）、「滞英中の私の感想」（三一二号）、「卒業に餞して」（四六二号）、「太（ママ）西洋上の旅途より」（六二九号）、「戦後の英国が今一番困つて居る事」（六六六号）、「戦後の英国で今最努力して居ること」（六六八号）、「フイリツプス先生のおたより」（九九二号）、「此の夏の計画」（一〇三六号）、「児童の英語教授法」（一一七〇—七三号）、「To the First Year Students of the English Department」（一四二七号）、「闘病と信仰の生涯」（一四九〇号）、「さようなら、みなさん」（一五〇〇号）、「ミス・フィリップスから」（一五〇七号）、「日枝丸船上より」（一五一四号）、「フイリップス先生からなつかしいおたより」（一六二〇号）、そして日本女子大学同窓会桜楓会が発行する『桜楓新報』に掲載されたものとして「ミス・

フィリップスの手紙」（二二号）。
▽"Karuizawa—From a Foreigner's Point of View," *Life and Light*, 1, No. 6 (1911), 11-14.（翻訳は『現代世界思潮』〈警醒社、一九一三年〉所収）。

（2）Rhodes House Library は、一九世紀英国帝国主義の大立者 Cecil Rhodes を記念してオックスフォードに建てられた Rhodes House の中にある図書館で、オックスフォード大学 Bodleian Library の分館の一つ。主として旧英国植民地関係の文書を所蔵しており、植民地を中心にその活動を拡げた英国国教会の最も古い伝道団体ＳＰＧ（The Society for the Propagation of the Gospel in Foreign Parts…一七〇一年創立）所有の海外伝道文書もロンドンのＳＰＧから一九八五年にこの図書館に移管された。ＳＰＧの海外伝道文書のなかには、後述する南東京地方部主教ビカステスが日本からＳＰＧに宛てた書簡が多く入っており、その関連でビカステス主教が日本に設立した聖ヒルダ伝道団の活動報告を掲載した『ギルド・年報』（注3を参照）も見出せる。なおＳＰＧは、二〇一六年よりＵＳＰＧ（The United Society Partners in the Gospel）と名称を変えた。

（3）『ギルド・年報』は、ロンドンのセント・ポールズ・ギルド（St. Paul's Guild）によって一八八八―一九四一年までの約五〇年間にわたり発行された。その間、タイトルが三度変更されている。すなわち最初は、*Missions in the Diocese of South Tokyo, Japan. Guild of S. Paul. Annual Report.* 一度目の変更によって *The Guild of S. Paul. Annual Report.* 二度目の変更によって *Missions in Japan. Guild of S. Paul. Annual Report.* 三度目の変更によって *Japan Church Aid. Guild of S. Paul. Annual Report* となる。大きさは約18×12センチメートル、頁数は七〇―一〇〇頁で、そこには、聖ヒルダ伝道団と後述する聖アンデレ伝道団のメンバーからギルドに送られた活動報告、それに伴う写真、日本聖公会の状況、ギルドに寄せられた寄付金の詳細、ギルドの決算報告などが小さな字で印刷されており、タイトルの変更と共に日本全土にわたる英国国教会の伝道活動の報告が増えている。年に一度の年報以外に、年に一度か二度、タイトルから *An-*

nual Report という語を削除した号も発行されている。

（4）Cyril H. Powles, *Victorian Missionaries in Meiji, Japan* (Toronto, 1987), p. 93.

（5）白井堯子『福沢諭吉と宣教師たち――知られざる明治期の日英関係』（未来社、一九九九年）、五五―六〇頁を参照。

（6）Samuel Bickersteth, *Life and Letters of Edward Bickersteth, Bishop of South Tokyo*, 2nd ed. (London, 1901) を参照。

（7）聖ヒルダ伝道団についてのビカステス主教の考えは注6に記した書物の一八九―二一〇頁に詳しい。津田梅子との関係については、本書第一章の「2　英国国教会関係者による招待」中の①英国国教会聖職者の夫人たちを参照。聖ヒルダ伝道団の具体的な活動については、Alfreda Arnold, *Church Work in Japan* (London, 1905), pp. 75–83を参照。

（8）*Missions in the Diocese of South Tokyo, Japan. Guild of S. Paul. Annual Report 1905* (London, 1906), p. 31.

（9）Frances Awdry, *Daylight for Japan: The Story of Mission Work in the Land of the Rising Sun* (London, 1904), p. 169.

（10）現在日本女子大学に残されている書類によれば、当時の文部大臣久保田譲がフィリップスについて「日本女子大学校英語教員タルコトヲ認可ス」という文書を出したのは、一九〇三年一二月一四日である。一九〇三年に公布された「専門学校令」については、日本女子大学校は一九〇四年一月二一日付でフィリップスを含む三一名の教員認可願いを出しており、その認可が下りたのは同年二月二九日であった。しかし、私はフィリップスが一九〇二年から日本女子大学校の教壇に立っていたという記述を時折目にしている。彼女は一九〇二年には香蘭女学校や女子英学塾で教えていたから、日本女子大学校には、講師のような形で関わっていたのかもしれない。

（11）上代たの「ミス・イー・ヂー・フィリップスについて」、『桜楓新報』（一九六五年八月）、二頁。

（12）*Missions in the Diocese of South Tokyo, Japan. Guild of S. Paul. Annual Report 1903* (London, 1904), p. 53.

（13）Awdry, *Daylight for Japan*, pp. 170–74.

(14) Arnold, *Church Work in Japan*, pp. 82-83.

(15) *Missions in the Diocese of South Tokyo, Japan. Guild of S. Paul. Annual Report 1905* (London, 1906), pp. 46-48; *Missions in the Diocese of South Tokyo, Japan. Guild of S. Paul. Annual Report 1906* (London, 1907), pp. 39-42.

(16) たとえば、『家庭週報』（一二一号、一九三四年）を参照。ちなみにこの一九三四年発行の『家庭週報』に記された暁星寮費用は、月額二二円（英語教授料を含む）。

(17) *The Guild of S. Paul. Annual Report and Statement of Accounts, 1917* (London, 1918), pp. 25-26. 後述する目白聖公会の所蔵記録によれば、チョウプは、一八八八年三月三〇日、インドのボムベイで生まれる。同年四月一九日 All Saints' Church, Bombay で受洗、一九〇三年五月六日 St. Peter's Church, Streatham, London, S. W. で堅信礼を受けた。一九六一年一月逝去。

(18) *Missions in Japan. Guild of S. Paul. Annual Report for 1927* (London, 1928), pp. 47-49.

(19) フィリップスが提出した報告書は、第三委員会（The Commission Ⅲ, Education in Relation to the Christianisation of National Life）の記録のなかに入れられ印刷されている。

(20) このパンフレットは四頁で、手紙形式。「日本の女子学生のなかで仕事をすること」というタイトルがつけられている。

(21) *Japan Church Aid. Guild of S. Paul* (London, Oct. 1928), pp. 23-27. これには、*Annual Report* という語はない。

(22) 南忠（忠子、忠志と表記されていることもある）は、『おもいで』に一九〇五（明治三八）年、一七歳で暁星寮に入寮したと記している。また南家の記録『裏桔梗に寄せて』（私家版、一九七七年、三二頁）およびフィリップスのギルド宛書簡（*Japan Church Aid. Guild of S. Paul. Annual Report for 1931*〈London, 1932〉, pp. 34-35.）によれば、クリスチャンの南は一九三一（昭和六）年、九歳の娘スズ（のちに日本女子大学校卒）と共に暁星寮に住み、フィリップスの離日の日まで寮母としてフィリップスの仕事を助けた。スズが記した、暁星寮出身者の集い「暁星寮会」については、『桜楓新報』（二七四号）を参照。なお「暁星寮会」は、一九九七年一〇月四日の会を最後に解散した。

（23）成瀬は開学したばかりの日本女子大学校の教育に貢献したヒューズを送る送別会で「此の女子の高等教育の始て唱道せらる、ときに当り我国民が面り高等教育を受けたる女子の活標本を女史に於て見るを得たるは実に女史来朝の賜なり　其の大に本邦女子高等教育の前途に資せしや疑を容れざるなり……」、と語り、ヒューズが学生に対して高等教育を受けた女性のロウル・モデルであったことを述べた（本書第二章の「7　盛大なヒューズのサヨナラ・パーティと『彪斯女史を送る文』」を参照）。

（24）英国国教会には、伝統的にカトリックに近い、すなわち教会の権威や礼拝儀式を重んじる高教会と、福音主義、すなわち福音を信仰の中心におこうとするプロテスタントの考えに近い低教会がある。高教会派の人たちは国家、愛国心、社会、公共の義務に関心が強く、低教会派の人たちは個人の魂の救済に力点を置く、と言われている。

（25）塚田理「キリスト教大学――立教の課題――アングリカニズムと大学の理念」、『キリスト教学』第一二号（一九七一年）、三二頁。

（26）上代たの「フィリップス先生をおもう」、『おもいで』（暁星寮会、一九六六年）、四頁。山川菊栄「明治の末ごろ」、『津田英学塾四十年史』（一九四一年）、四八〇頁。

（27）「我が去るは汝らの益」、『目白教報』第五九号（目白聖公会、一九四一年四月）、二頁。

（28）ビカステス主教が日本から、The Society for the Propagation of the Gospel in Foreign Parts に宛てた書簡（一八八七年一二月一四日付）中の文章。この書簡（USPG D81）は、オックスフォード大学 Rhodes House Library に保管されている。注2を参照。

（29）Kenneth Cracknell, *Justice, Courtesy and Love: Theologians and Missionaries Encountering World Religions, 1846-1914* (London, 1995), p. xiv.

（30） 暁星寮における生活のなかでフィリップスは、寮生たちに、何か事が起こると「私どもの国では、そのようなことはいたしません」「私どもの国では、このようにするのです」と英国の流儀を話したという。

（31） フィリップスが休暇で英国へ帰国している間の暁星寮の寮監役と日本女子大学校英文学部の授業を引き受けた人のなかに、Ruth M. Wordsworth（オックスフォード大学 Lady Margaret Hall 出身）と Emily H. Foss（オックスフォード大学 St. Hilda's Hall 出身）がいる。彼女たちの日英文化交流における足跡の一端は、同窓会の文集などに印刷されて、それぞれの母校に残されている。

謝辞

私の研究、および出版に関しては、多くの方々から御指導、御援助、お励ましを頂いた。それらに対しては、感謝の言葉を知らないほどである。

まずオックスフォード大学日産日本問題研究所の元所長 Dr. Arthur Stockwin と Dr. Ann Waswo に、私を訪問研究員として一年間（一九九〇―九一年）招いて下さり、研究上必要なあらゆる便宜を提供して下さったことに対して心からお礼を申し上げたい。この研究所からのお招きがなかったら、「明治期女子高等教育における日英の交流」というようなテーマを私が心に抱くことはなかったと思う。

また、本書の第一章で取り上げた津田梅子が、一九世紀終わりに滞在したオックスフォード大学 St. Hilda's College の Dr. Margaret Rayner, Librarian の Miss Maria Croghan, そして St. Hilda's College 所蔵の梅子の書簡などの翻訳と本書への掲載をお許し下さった元学長の Miss Elizabeth Llewellyn-Smith に対して感謝の意を表したい。特に、*The Centenary History of St Hilda's College, Oxford*（1993）を書かれた Dr. Rayner は、梅子に対して深い関心を示され、当時の学内の写真を提供して下さるなど、その細やかな御配慮に厚くお礼を申し上げる。

津田梅子という異国の女性の史料探しに時間をかけて下さり、またアーカイヴズ所蔵の梅子の書簡の翻訳と本書への掲載をお認め下さった Cheltenham Ladies' College の Archivist, Mrs. Janet Johnstone の御親切にも感謝の気持ちを表したい。

本書の第二、三章で取り上げた英国女子高等教育のパイオニアE・P・ヒューズと、第四章で取り上げた英国国教会来日宣教師E・G・フィリップスに関しては、この二人の出身校であるケンブリッジ大学Newnham College の Archivist, Ms Anne Thomson に、私の日本からの質問にいつも心のこもったお返事を下さったことに対して深くお礼を申し上げる。

英国の、何百年という長い歴史を誇る図書館を使うには、時々困難にぶつかった。そのような時に、オックスフォード大学 Rhodes House Library の Librarian, Mr. Allan Lodge と、Bodleian Japanese Library の Librarian, Ms Izumi K. Tytler が私に与えて下さった専門家としての貴重なる助言は、いつも私の心の支えであった。謝意を表したい。

本書はまた、明治期に創立された津田塾大学と日本女子大学が所蔵している史料に多くを負っている。女子英学塾（現在の津田塾大学の前身）創立前の梅子の英国滞在に関する貴重な写真を掲載させて下さり、特に書簡については翻訳と本書への掲載をお認め下さった、津田塾大学元学長の天満美智子先生、津田梅子資料室の丸山昌子さん、そして現在の学長の髙橋裕子先生、資料室の村田安代さん、中田友紀さんに厚くお礼を申し上げる。また、津田梅子が一二〇年前に滞在したオックスフォード大学 St. Hilda's College で英文学の研究を重ねられ、現在、津田塾大学英文学科教授であられる早川敦子先生には、御自身の撮影による貴重な写真で本書を飾って頂いた。心から感謝の意を表したい。

日本女子大学成瀬記念館の方々には、私がオックスフォード大学から帰国して以来長きにわたり、成瀬仁蔵、ヒューズ、フィリップスなどの史料について御教示頂き、またヒューズとフィリップスについての拙稿を『成瀬記念館』に載せて頂いた。当時の館員であられた秋山倶子さんと小橋安紀子さんの御親切にお礼を申し上げる。

そして、本書の出版に関しては、ヒューズとフィリップスの成瀬宛書簡の翻訳と本書への掲載をお認め下さり、さらにたくさんの貴重な史料や写真の掲載をお許し下さった、現在の館員であられる岸本美香子さん、大門泰子さんの温かい御援助とお励ましに、感謝の気持ちを表したい。

その他、フィリップスが教鞭を執ったことがある香蘭女学校（東京）の元校長森田利光先生、フィリップスが籍を置いた東京の目白聖公会（教会）の方々、日本聖公会の元司祭垣内茂先生からは貴重なる史料を拝見させて頂いた。感謝の気持ちを表したい。また、外務省外交史料館の方々にも、津田梅子の渡英に関する史料についてお世話になり感謝申し上げる。

本書の第二、三章の主人公ヒューズが苦労を重ねて完成するに至った、現在のケンブリッジ大学 Hughes Hall の建物の写真（本書口絵と第二章「2　ケンブリッジ女子高等学校師範学校（ＣＴＣ）の生活」中の写真）は、東京女子大学教授原田範行先生が本書のために特別に撮影して下さったものであり、その御親切に心からお礼を申し上げる。

最後に、今は亡き、日本聖公会ナザレ修女会の千代修女に心からのお礼と報告を申し上げたい。二〇〇三年五月、私は、突然、一度もお会いしたことがない、当時九五歳でいらした千代修女から大きな茶封筒をお送り頂いた。そこには、「若し御参考になるのがあれば、どうぞお使いいたゞきとう存じます」という言葉とともに、日本女子大学校の学生であった岡上千代さん（後の千代修女）がフィリップスの暁星寮で過ごした時代の写真などがたくさん入っていた。本書第四章の「6　日本との別れ」に掲載したフィリップスに対する送別感謝会に伴う集合写真と、晩年のフィリップスとチョウプの写真は、その一部である。

本書の出版に関しては、日本女子大学名誉教授で成瀬仁蔵研究の第一人者でいらっしゃる中嶌邦先生に大変お世話になり、厚くお礼を申し上げたい。そして原稿の完成が遅くなるばかりの私を絶えず励まして下さったドメス出版の平岩実和子さんにも、謝意を表したい。

最後に、長きにわたって私の読みにくい字をパソコンに入力して下さった池田詩穂さんと、朝に夕に励ましの言葉をかけてくれた夫の白井厚に対して、「ありがとう」。

二〇一八年三月

白井　堯子

教女子学校を中心として」『キリスト教教育論集』9（2001年），55-66.
影山礼子「エリノア・G・フィリップス（Elinor Gladys Philipps）の資料を求めて」『国際武道大学紀要』12（1996年），123-40.
白井堯子「日英交流と明治期の女子高等教育———放送大学講義で成瀬仁蔵を語る」『成瀬記念館』（日本女子大学）21（2006年），38-52.
塚田理「キリスト教大学——立教の課題——アングリカニズムと大学の理念」『キリスト教学』（立教大学キリスト教学会）12（1971年）.
中西良雄「聖ヒルダ・ミッションの慈善事業(1)——聖慈堂病院と震災救援活動」『人間発達学研究』（愛知県立大学）2（2011年），13-21.
———「聖ヒルダ・ミッションの慈善事業(2)——濃尾震災救援と孤児院事業」『人間発達学研究』（愛知県立大学）3（2012年），21-30.
Hughes, E. P. "The Teaching of English to Japanese in Japan." *English Teachers' Magazine*（『英語教授』復刻版，名著普及会）第1巻3-4号（1985年），3-6；9-14.
藤野寛之「イギリス伝記事典の伝統と変遷：DNB と ODNB」『図書館界』第58巻4号（2006年），220-27.

▽**定期刊行物**

The Cheltenham Ladies' College Magazine
Hughes（ケンブリッジ大学 Hughes Hall 出身者たちのための雑誌）
The Japan Weekly Mail（横浜居留地で発行された英字新聞）
Missions in the Diocese of South Tokyo, Japan. Guild of S. Paul. Annual Report（ロンドンの St. Paul's Guild によって1888年から1941年まで発行され，その間にタイトルが3度変更されている．詳細は第四章注3を参照）
South Tokyo Diocesan Magazine（日本聖公会南東京地方部発行の雑誌）
The South Wales News
The Times (London)
『英学新報』
『家庭週報』（日本女子大学校の同窓会である桜楓会の発行）
『教界評論』（米国聖公会系の人たちが発行した雑誌）
『女学雑誌』
『女鑑』（明治期の代表的な婦人雑誌）
『日本女子大学校学報』
『婦女新聞』
『をんな』（大日本女学会が明治期に発行した小冊子）

———『成瀬仁蔵研究——教育の革新と平和を求めて』ドメス出版，2015年.
長島伸一『世紀末までの大英帝国——近代イギリス社会生活史素描』法政大学出版局，1987年.
『成瀬仁蔵著作集』（全３巻）日本女子大学，1974-1981年.
『日本女子大学英文学科七十年史』日本女子大学英文学科70年史編集委員会，1976年.
『日本女子大学学園事典——創立100年の軌跡』日本女子大学，2001年.
日本女子大学校二十五回生編『成瀬先生追懐録』桜楓会出版部，1928年.
『日本女子大学校四拾年史』日本女子大学校，1942年.
日本女子大学女子教育研究所編『女子大学論』（女子教育研究双書10）ドメス出版，1995年.
日本女子大学成瀬記念館編『新制日本女子大学成立関係資料—— GHQ/SCAP 文書を中心に』（日本女子大学史資料集　第６）日本女子大学成瀬記念館，2000年.
『日本女子大学文学部英文学科百周年記念誌』日本女子大学文学部英文学科，2004年.
日本聖公会歴史編纂委員会編『日本聖公会百年史』日本聖公会教務院文書局，1959年.
日本の英学100年編集部『日本の英学100年　明治編』研究社出版，1968年.
バークス，アーダス編，梅溪昇監訳『近代化の推進者たち——留学生・お雇い外国人と明治』思文閣出版，1990年.
ヒューズ，イー・ピー（述），緒方流水訳『英国の風俗』知新館，1902年.
古木宜志子『津田梅子』（人と思想116）清水書院，1992年.
古木宜志子・上田明子・Mary E. Althaus 編『津田梅子文書（*The Writings of Umeko Tsuda*）』（改訂版）津田塾大学，1984年.
八木谷涼子『なんでもわかるキリスト教大事典』（朝日文庫）朝日新聞出版，2012年.
山崎孝子『津田梅子』（人物叢書新装版）吉川弘文館，1988年.
吉川利一『津田梅子』（中公文庫）中央公論社，1990年.

大野延胤「E. P. Hughes in Japan (1901-1902)」『学習院大学文学部研究年報』36（1990年），323-46.
小川智瑞恵「エディンバラ世界宣教会議における教育論——日本の学校教育論を中心として」『キリスト教教育論集』8（2000年），103-13.
———「1910年エディンバラ世界宣教会議における教育論——日本のキリスト

of Toronto-York University Joint Centre on Modern East Asia, 1987.
Purvis, June. *A History of Women's Education in England*. Milton Keynes: Open University Press, 1991.（香川せつ子訳『ヴィクトリア時代の女性と教育——社会階級とジェンダー』ミネルヴァ書房，1999年.）
Rayner, Margaret E. *The Centenary History of St Hilda's College, Oxford*. Oxford: Lindsay Ross Publishing, 1993.
Semple, Rhonda Anne. *Missionary Women: Gender, Professionalism and the Victorian Idea of Christian Mission*. Suffolk: Boydell Press, 2003.
St. Hilda's College, (Memorabilia). Oxford: Bocardo Press.
Thompson, Henry P. *Into all Lands: The History of the Society for the Propagation of the Gospel in Foreign Parts 1701-1950*. London: SPCK, 1951.
Tsuda, Umeko. *The Attic Letters: Ume Tsuda's Correspondence to Her American Mother*. Eds. Yoshiko Furuki, et al. New York: Weatherhill, 1991.
World Missionary Conference, 1910. *Report of Commission Ⅲ, Education in Relation to the Christianisation of National Life*. Edinburgh, 1910.
Yamaguchi, Midori. *Daughters of the Anglican Clergy: Religion, Gender and Identity in Victorian England*. London: Palgrave Macmillan, 2014.
青山なを『安井てつと東京女子大学』（青山なを著作集３）慶應通信，1982年.
亀井俊介『英文学者　夏目漱石』松柏社，2011年.
亀田帛子『津田梅子——ひとりの名教師の軌跡』双文社出版，2005年.
『キリストのかおりを——目白聖公会八十年記念誌』目白聖公会，1998年.
『渋沢栄一伝記資料』（第46巻）渋沢栄一伝記資料刊行会，1962年.
島田法子・中嶌邦・杉森長子『上代タノ——女子高等教育・平和運動のパイオニア』（日本女子大学叢書８）ドメス出版，2010年.
白井堯子『福沢諭吉と宣教師たち——知られざる明治期の日英関係』未来社，1999年.
髙橋裕子『津田梅子の社会史』玉川大学出版部，2002年.
『津田英学塾四十年史』津田英学塾，1941年.
『津田塾六十年史』津田塾大学，1960年.
都築忠七・ゴードン・ダニエルズ・草光俊雄編『日英交流史1600-2000(5)——社会・文化』東京大学出版会，2001年.
東京都公文書館編『東京の女子大学』（都市紀要18）東京都情報連絡室，1969年.
中嶌邦『成瀬仁蔵』（人物叢書231）吉川弘文館，2002年.

don: Faber and Faber Limited, 1979.

Cortazzi, Sir Hugh, and Gordon Daniels, eds. *Britain and Japan 1859–1991: Themes and Personalities*. London: Routledge, 1991.（大山瑞代訳『英国と日本——架橋の人びと』思文閣出版，1998年.）

Cracknell, Kenneth. *Justice, Courtesy and Love: Theologians and Missionaries Encountering World Religions, 1846–1914*. London: Epworth Press, 1995.

Eschbach, E. S. *The Higher Education of Women in England and America 1865–1920*. New York: Continuum, 1987.

Evans, W. Gareth. *Education and Female Emancipation: The Welsh Experience 1847–1914*. Cardiff: University of Wales Press, 1990.

Furuki, Yoshiko. *The White Plum: A Biography of Ume Tsuda, Pioneer in the Higher Education of Japanese Women*. New York: Weatherhill, 1991.

Green, Vivian H. H. *Religion at Oxford and Cambridge*. London: SCM Press, 1964.

——— *The Universities*. London: Pelican Books, 1969.（安原義仁・成定薫訳『イギリスの大学——その歴史と生態』法政大学出版局，1994年.）

Guide to the Cheltenham Ladies' College (Illustrated). 3rd ed. Cheltenham Ladies' College, 1931.

Hibbert, Christopher, ed. *The Encyclopaedia of Oxford*. London: Macmillan, 1988.

Hirsch, Pam, and Mark McBeth. *Teacher Training at Cambridge: The Initiatives of Oscar Browning and Elizabeth Hughes*. London: Woburn Press, 2004.

Hughes, Elizabeth P. *English Literature for Japanese Students*. Tokyo: Z. P. Maruya, 1902.

——— *The Education of the Majority*. Carmarthen: W. Spurrell & Son.

Hughes, Mary Vivian. *A London Girl of the 1880s*. Oxford: Oxford University Press, 1988.

Kamm, Josephine. *How Different From Us: A Biography of Miss Buss and Miss Beale*. London: Routledge, 2012.

Knight, Frances. *The Nineteenth-century Church and English Society*. Cambridge: Cambridge University Press, 1995.

Perkin, Joan. *Victorian Women*. London: John Murray (Publishers), 1993.

Powles, Cyril H. *Victorian Missionaries in Meiji, Japan*. Toronto: University

• 津田塾大学津田梅子資料室（東京）
  津田梅子が英国滞在中に，主として英国人から受け取った書簡など.
• 日本女子大学成瀬記念館（東京）
  E. P. Hughes と E. G. Philipps の成瀬仁蔵宛書簡．E. G. Philipps の上代タノ宛書簡．成瀬のスクラップ・ブックや成瀬の手稿．Hughes 著 *English Literature for Japanese Students* と *The Education of the Majority* における成瀬の書き込み．暁星寮に関する私家版『おもいで』などの史料.
• 目白聖公会（東京）
  E. G. Philipps による手書きの履歴書や，Philipps 在籍中に教会が発行した『目白教報』など.

Ⅱ　二次史料

▽研究書および論文など

Arnold, Alfreda. *Church Work in Japan*. London: SPG, 1905.

Avery, Gillian. *The Best Type of Girl: A History of Girls' Independent Schools*. London: André Deutsch, 1991.

Awdry, Frances. *Daylight for Japan: The Story of Mission Work in the Land of the Rising Sun*. London: Bemrose & Sons, 1904.

Bickersteth, Marion H. *The Christian Opportunity in Japan*. London: SPG, 1921.

Bickersteth, Samuel. *Life and Letters of Edward Bickersteth, Bishop of South Tokyo*. 2nd ed. London: Sampson Low, 1901.

Bottrall, Margaret. *Hughes Hall 1885–1985*. Cambridge: Rutherford Publications, 1985.

Bowie, Fiona, Deborah Kirkwood, and S. Ardener, eds. *Women and Missions: Past and Present*. Oxford: Berg Publishers, 1993.

Briggs, Asa. *Victorian People*. London: Penguin, 1965.（村岡健次・河村貞枝訳『ヴィクトリア朝の人びと』ミネルヴァ書房，1988年.）

Brittain, Vera. *The Women at Oxford: A Fragment of History*. London, 1960.

Brooke, Christopher N. L. *A History of the University of Cambridge*. Vol. 4. Cambridge: Cambridge University Press, 1993.

Bryant, M. *A Study in the History of the Education of Women and Girls in the Nineteenth Century*. London: Institute of Education, 1979.

Clarke, A. K. *A History of the Cheltenham Ladies' College 1853–1979*. Lon-

主要参考文献

I　一次史料

• Bodleian Library（Oxford）
　津田梅子の Bodleian Library 入館手続きの記録.
• Cheltenham Ladies' College Archives（Cheltenham）
　津田梅子と下田歌子の Beale 校長宛書簡．津田梅子の英国滞在に関わった英国人たちの Beale 校長宛書簡．Beale 校長在任期に発行された *The Cheltenham Ladies' College Magazine.*
• Hughes Hall Archives（Cambridge）
　Hughes Hall の前身である Cambridge Training College の史料.
• Jesus College Archives（Oxford）
　E. G. Philipps の父親 George Philipps に関する史料.
• Lady Margaret Hall Archives（Oxford）
　E. G. Philipps が帰英中に日本女子大学校の教壇に立ち，暁星寮の寮監役をも引き受けた Ruth Mary Wordsworth に関する史料.
• National Archives（London）
　E. G. Philipps の家族に対して行われた1881年の国勢調査記録（1881 British Census Household Record）.
• Newnham College Archives（Cambridge）
　E. P. Hughes と E. G. Philipps に関する史料や，*Cambridge Letter*（Newnham College Club）への Philipps の寄稿文.
• Rhodes House Library, Oxford（The Archives of SPG Records）
　19世紀終わりに英国海外福音伝道会（SPG）から日本へ派遣された女性宣教師たちの SPG 宛報告書簡や聖ヒルダ伝道団に関する史料.
• St. Hilda's College Archives（Oxford）
　津田梅子の St. Hilda's Hall 滞在時の Account Book や St. Hilda's Hall の学長による手書きの日記と St. Hilda's Hall の歴史（未出版）．津田梅子の学長宛書簡や津田梅子滞在に関わった英国人たちの学長宛書簡など.
• 外務省外交史料館（東京）
　「米国婦人倶楽部連合大会開設ニ付津田梅子外一名参列之件　附英国，応招之件」（二門九類一目二一号）などの史料.

［ワ行］

［マ行］

［ヤ行］

［ラ行］

[ナ行]

[ハ行]

［サ行］

［タ行］

人名索引

［ア行］

［カ行］

著者紹介

白井　堯子（しらい たかこ）

千葉県立衛生短期大学教授，慶應義塾大学文学部非常勤講師，オックスフォード大学日産日本問題研究所訪問研究員などを経て，現在は，慶應義塾福澤研究センター客員所員，千葉県立衛生短期大学名誉教授．

著書　『アメリカ――教育・女性・歴史』（共著）長崎出版，1980.『女性解放論集』（共著）慶應義塾大学出版会，1987.『オクスフォードから』（共著）日本経済評論社，1995.『福沢諭吉と宣教師たち――知られざる明治期の日英関係』未来社，1999.

訳書　W. ゴドウィン著『メアリ・ウルストンクラーフトの思い出――女性解放思想の先駆者』（共訳）未来社，1970. M. ウルストンクラーフト著『女性の権利の擁護――政治および道徳問題の批判をこめて』未来社，1980.

明治期女子高等教育における日英の交流
　津田梅子・成瀬仁蔵・ヒューズ・フィリップスをめぐって

2018年5月12日　第1刷発行
定価：本体3600円＋税

著　者　白井堯子
発行者　佐久間光恵
発行所　株式会社 ドメス出版
　　　　東京都文京区白山3-2-4　〒112-0001
　　　　振替　0180-2-48766
　　　　電話　03-3811-5615
　　　　FAX　03-3811-5635
　　　　http://www.domesu.co.jp

印刷・製本　株式会社 太平印刷社
© Takako Shirai 2018. Printed in Japan
落丁・乱丁の場合はおとりかえいたします
ISBN 978-4-8107-0839-4 C0036

中嶌　邦　成瀬仁蔵研究――教育の革新と平和を求めて　五六〇〇円

川本静子
亀田帛子
高桑美子　津田梅子の娘たち――ひと粒の種子から　三五〇〇円

島田法子
中嶌　邦
杉森長子　日本女子大学叢書8
上代タノ――女子高等教育・平和運動のパイオニア　三〇〇〇円

近現代日本女性人名
事典編集委員会 編　近現代日本女性人名事典　三三〇〇円

赤松良子　続　忘れられぬ人々――赤松良子自叙伝　二〇〇〇円

今井けい　現代イギリス女性運動史――ジェンダー平等と階級の平等　三〇〇〇円

＊表示価格は、すべて本体価格です